MORALE

DES

PRINCES.

QUATRIEME PARTIE.

MORALE

DES

PRINCES,

TRADUITE DE L'ITALIEN

DU COMTE J. B. COMAZZI.

QUATRIEME PARTIE.

A PARIS,

Chez P. G. SIMON, Imprimeur du Parle-
ment, rue de la Harpe, à l'Hercule.

MDCCLIV.

Avec Approbation & Privilege du Roi.

MORALE
DES PRINCES.
QUATRIEME PARTIE.

CHAPITRE PREMIER.
BASSIANUS ANTONINUS CARACALLA.

CARACALLA, ainsi *H* surnommé à cause d'un vêtement que l'on appelloit de même, & qu'il donne au Peuple Romain, succéde à l'Em-

IV. Partie. A

pire ; mais cette joye eſt troublée par le regret de partager
la ſuprême Puiſſance avec ſon
frere Geta : auſſi met il tout en
uſage pour déterminer l'Armée
à ne prêter ſerment qu'en ſa
faveur : un ſi mauvais commencement ne peut qu'être la ſour-
ce de la diviſion qui regne entre les deux freres ; dès qu'ils
ſont arrivés à Rome, chacun ſe
retire en particulier & prend
une garde : ainſi ils vivent l'un &
l'autre dans un ſoupçon récipro-
que.

M Le Prince qui ne regne pas
ſeul, doit plus s'occuper du ſoin
de vivre, que de celui de regner : le danger qu'il court pour

sa vie, n'est-il pas en effet en proportion avec la part qu'il a au commandement ? Un associé à la Royauté est un ennemi d'autant plus à craindre qu'il est plus voisin : n'être que demi Prince, c'est être manqué par la nature: deux têtes sur le même corps ne forment-elles pas un monstre ? Lorsqu'il s'éléve des differends entre deux Princes ennemis, la guerre commence sur les frontieres ; s'élevent-ils au contraire entre deux Princes associés au même Empire ? La guerre commence à la Cour ; la premiere se termine par la paix, la derniere par la mort.

Cette rivalité est la source de *H*

plusieurs désordres qui arrivent dans l'Empire : les deux freres divisés par le cœur, le sont par l'esprit : contradiction affectée dans les conseils, contradiction dans les opérations.

M   Dans la Monarchie chargée de deux Monarques, il faut ou que l'un tombe, ou que l'Etat périsse : si les deux freres étoient d'accord il y auroit, il est vrai, deux hommes à la tête de la Monarchie, mais il n'y auroit qu'un Prince, & cette unité la soutiendroit : Dieu est Monarque de l'Univers avec la seconde & la troisiéme Personne, & cependant l'Univers subsiste : mais les trois Personnes n'ont qu'une seule volonté : si elles pouvoient se contredire, non-seulement elles ne pourroient pas regner, elles ne pourroient pas même subsister.

Le Sénat, ennuyé de ces dé-sordres, propose la division de l'Empire pour y remedier : il destine Caracalla au commandement de l'Occident, & veut envoyer Geta en Asie, pour commander à l'Orient?

Le Sénat peut être ici comparé au Médecin, qui tue le malade pour le guérir. Les Sénateurs qui ouvrent une opinion semblable, ont plus de robe que de jugement : en effet vouloir diviser par un traité de quelques lignes des Provinces dont la réunion à coûté tant de sang , & des trésors immenses , n'est-ce pas l'extravagance la plus complette ? C'est prétendre fendre un homme de la tête aux pieds sans qu'il cesse de vivre.

H   Caracalla voit un jour son frere entrer sans Gardes chez sa mere ; il le suit armé & le tue ; il fuit vers ses Gardes en criant que Geta a voulu l'assassiner , il les prie de le mener pour sa sûreté dans leur quartier , où il leur avoue qu'il a tué son frere en se défendant : les Gardes le reconnoissent pour maître absolu de l'Empire Romain ; & il leur fait des grandes libéralités.

Voilà le fruit de l'opinion du *M* Sénat qui propofe de divifer l'Empire : cette propofition n'eft-elle pas une fentence de mort contre un des deux Empereurs le moins rufé ? Caracalla ouvre les yeux : il voit que l'autorité eft indivifible, & que la divifion fe trouve partout où il y a deux maîtres : la nature a beau lui repréfenter l'horreur du fratricide, la politique lui donne le courage de le commettre ; déja Caracalla commence à fentir que le titre d'Empereur efface celui de fratricide : le Trône protége toujours les crimes de celui qui y monte.

Le Sénat affecte d'ajouter foi *H*

au rapport de Caracalla , & l'approuve d'avoir tué son frere.

M Dans les causes criminelles la Justice considére les causes des crimes ; la politique au contraire n'en considére que les effets : le crime de Caracalla est une vertu qui porte la tranquillité dans tout l'Empire : qu'il l'ait commis pour se défendre ou pour regner , qu'importe au Sénat , pourvû que le malheur de Geta fasse le bonheur du Public ? Si les opérations utiles n'ont pas la gloire d'être exemptes de crime , elles ont du moins le bonheur d'être exemptes de punition : les Princes (on doit leur rendre cette justice) ne sont pas toujours glorieux : au défaut de la gloire ils se contentent de l'impunité.

Caracalla fait assassiner tous les Partisans de son frere comme convaincus d'avoir trempé dans la prétendue conspiration ; il change tous les Gouverneurs des Provinces qu'il n'a point nommés pendant qu'il regnoit avec Geta.

Plusieurs innocens doivent être sacrifiés à la fausseté d'un Prince criminel : ainsi Caracalla, pour couvrir un crime, doit en commettre plusieurs : comme il ne peut point cacher le fratricide, il veut du moins en ensevelir la mémoire sous un monceau de morts, & étouffer avec les cendres d'un peuple d'innocens la haine d'un peuple d'ignorans : s'il est malheureux de vivre sous un Tyran, il l'est encore plus de vivre sous un Tyran qui veut copier le Prince. Sous un regne cruel la seule vie est en danger, mais sous un regne où la cruauté se couvre de la justice, on a autant à craindre pour l'honneur que pour la vie.

H   Caracalla en conversation avec Julie sa belle-mere, Princesse extrêmement belle, est frappé de la beauté de son sein : il lui dit, je voudrois bien que ce que je vois m'appartînt, & qu'il me fût permis d'en jouir. Julie lui répond que rien n'eſt défendu à un Prince qui peut tout. Caracalla l'épouſe.

On ne ſoupçonne point de *M* crime dans une perſonne qui inſpire de l'amour. Caracalla eſt trop tendre pour être cruel à l'égard de Julie : il ne cherche point les fautes d'autrui , mais il les fait naître : il n'en fait point naître dans Julie, parce qu'il ne veut point lui en trouver : & Julie vit criminellement avec ſon beau-fils , pour ne pas mourir innocente avec ſon fils. Princes, ne frémiſſez-vous point de l'état miſérable où vous réduiſez par le crime vos Sujets innocents? Obligés de le commettre pour éviter la punition, ils ſe rendent coupables de mort pour aſſurer leur vie.

H. Caracalla va paſſer quelque tems dans la Germanie, & viſite quelques Villes ſituées ſur les bords du Danube. Il adopte la façon de vivre & de s'habiller des Germains. Il part pour la Gréce, & mene avec lui une Cohorte de cette nation.

M. Il convient aux Germains de prendre les uſages des Romains, & non pas à la Cour Romaine, de prendre ceux des Germains. L'imitation eſt une eſpece de flaterie, & la flaterie eſt une vraie ſervitude, qui deshonorant la nation dominante, deshonore encore plus le Prince:

le Prince qui flatte, eſt un Prince qui craint ; s'il a la foibleſſe de craindre, il doit du moins avoir la prudence de ne point flatter, pour faire voir qu'il ne craint pas.

De la Grece il paſſe en Aſie, *H* où il viſite les ruines de Troye, & comme en lui faiſant voir le tombeau d'Achilles, on louoit beaucoup ce Héros, il a envie de ſe faire appeller de ce nom, comme il a eu celle de pencher la tête ſur l'épaule, à l'imitation d'Alexandre.

Quoique la vanité ne con-*M* vienne point à un Prince, elle peut lui être quelquefois avan-tageuſe. Elle accoutume les ſujets à la soumission : comme ils font obligés d'applaudir à toutes les folies du Prince, ils contrac-tent l'habitude de dissimuler : la dissimulation n'est-elle pas la plus grande des servitudes ?

H L'Empereur passe de l'Asie en Egypte, il séjourne à Alexan-drie, dont les habitans se mo-quent de ses extravagances : il attend qu'ils soient rassemblés dans la place pour une Fête pu-blique, & il les fait entourer par ses troupes qui les taillent en pieces.

M Caracalla, malgré toutes ses folies, a la prudence d'être ja-loux de son autorité : tout doit être respecté dans le Prince, &

le Prince péche contre fa fureté,
qui ne traite point comme crime
de lèze-majefté, le mépris qu'inf-
pire l'inconféquence de fa conduite : fi les Princes ne peuvent
point empêcher de penfer, qu'ils
empêchent du moins de parler
& d'agir : ce foin indifpenfable
eft un tribut qu'ils doivent à leur
autorité. Les habitans d'Alexan-
drie fe moquoient des folies de
leur Souverain, & leur Souverain, tout fol qu'il eft, veut que
l'on refpecte le Prince même
dans fes folies. Un Prince dont
on fe moque impunément, n'eft
plus le Prince ; mais le jouet de
fes fujets.

De-l'Egypte il paffe en Sy- *H*

rie avec son armée, où il promet aux Ambassadeurs d'Arta-
baban, Roi des Parthes, d'ob-
server religieusement la paix :
pour les en convaincre, il demande sa fille en mariage ; après
que sous la foi de sa parole Artaban a désarmé, Caracalla entre hostilement dans ses Etats ,
& ravage le pays.

M La fourberie dans la guerre
n'est qu'une hostilité. Dans la
paix elle est trahison : & l'on a
beau nommer victoire l'avantage
que l'on remporte par la trahison, c'est au contraire un véritable crime, à la punition duquel
le Ciel s'attache pour soutenir
la grandeur du Monarque suprême

prême de l'univers. La fraude
dans le Prince est un manifeste
qui publie son impuiſſance &
ſa baſſeſſe, puiſqu'il préfere les
fruits de la victoire à la gloire
de la remporter : ſi la valeur con-
ſiſtoit à opprimer le déſarmé,
un Roi pourroit fort bien avec
décence faire l'aſſaſſin; puiſqu'il
y auroit autant d'honneur à mourir ſur l'échafaut que ſur le Trône.

Les Parthes irrités de cette *H*
trahiſon, reprennent les armes :
Caracalla ſe retire dans la Méſopotamie : il reçoit une lettre
de Materne, Gouverneur de Rome, par laquelle il lui apprend
la réponſe des Aſtrologues qui
lui conſeillent de ſe déſier de

IV. Partie.   B

Macrin : cette lettre arrive dans l'inſtant qu'il part pour la chaſſe ; il la donne à Macrin , avec ordre de lui en rapporter le contenu : celui-ci ſurpris , & frappé du danger qui le menace , engage Martial, Tribun de la garde, de vanger la mort de ſon frere tué par l'ordre de Caracalla.

M   Si Caracalla n'avoit point conſulté les aſtres , Macrin n'auroit point attenté à ſa vie : un trait de vanité qui dans un particulier ne tireroit point à conſéquence , eſt la cauſe de la mort d'un Empereur : Princes , vous ne ſçauriez trop veiller ſur vos actions : point de faute qui ſoit petite pour vous; la petite pierre qui n'auroit pas même bleſſé le pied d'un nain, tombant ſur le pied de la grande Statue de Nabuchodonoſor, la réduiſit en pouſſiere.

Caracalla étant à la chaſſe, ſe *H* retire dans une mazure, accompagné d'un page pour quelques beſoins. Martial ſaiſit cette occaſion, & le poignarde à la quarante-troiſiéme année de ſon âge, après avoir régné ſix ans : il laiſſe un fils appellé Eliogabale.

Si Caracalla, au lieu d'obliger *M* les Aſtrologues à conſulter le Ciel ſur les événemens futurs, avoit obligé ſes Miniſtres à veiller ſur les événemens préſens de la Cour, il auroit appris qu'on ne doit point ſouffrir dans la garde du

Prince des perſonnes que le Prince a offenſées.

H   Après la mort de Caracalla
l'armée veut proclamer Audentius , un des principaux Généraux. Déja parvenu à un âge fort
avancé , Audentius refuſe : Macrin qui n'eſt point ſoupçonné
coupable de la mort de Caracalla , dont il envoye avec des
grandes démonſtrations d'affliction les cendres à Rome dans une
urne d'or , eſt élevé à la dignité
Impériale.

M   Eliogabale eſt trop jeune pour
demander l'Empire , Audentius
trop vieux pour l'accepter , Macrin trop criminel pour devoir y
prétendre ; & les autres ſont des

personnages trop peu considéra-
bles pour oser y aspirer : ainsi
personne ne le demande : pourquoi donc Macrin est-il proclamé ? C'est que Macrin est un
Courtisan adroit : il affecte une
grande affliction de la mort
de Caracalla, & un grand desir d'honorer ses cendres, pour
ôter tout lieu d'être soupçonné
de la mort de son Maître ; &
cette dissimulation soutenue avec
art, vaut à Macrin un Empire
acheté par tant de sang ; il ne
lui coûte pas même les frais de la
demande : Macrin posséde à fond
la carte de la Cour : c'est un pays
où il faut montrer beaucoup d'indifférence pour ce que l'on de-

fire avec ardeur, fi l'on veut l'obtenir avec facilité : ne pas aller directement à fon but ; fe mouvoir au contraire toujours circulairement , deux voyes affurées , dont le Courtifan ne doit point s'égarer, s'il veut tomber dans le centre.

H   Macrin prend pour Collégue Diadumene fon fils : ils font l'un & l'autre confirmés par le Sénat , à qui Macrin écrit une lettre qui contient des juremens exécrables , pour fe juftifier de la mort de fon Prédéceffeur.

M   Les juremens qu'il fait au Sénat, & que le Sénat ne lui demande pas pour un crime que le peuple ignore , renferment un

myſtère : mais quel myſtère ? Il
veut faire ſçavoir à Materne
& aux Aſtrologues qu'il a vû
leur lettre , & que pour éviter ſa
vengeance , ils doivent le favo-
riſer en contribuant à la gloire
& au repos de ſon gouvernement:
& c'eſt ici la politique la plus
adroite, conſéquemment la plus
utile au Prince : faire entendre
une choſe en parlant d'une autre.

Artaban ayant renouvellé la *H*
guerre contre les Romains , pour
ſe vanger de la perfidie de Caracalla , eſt obligé d'en venir à
une bataille ſanglante contre Macrin , qui va à ſa rencontre : on
ne ſçait de quel côté eſt l'avantage , quoique l'action ſoit des

plus sanglantes : mais Artaban informé de la mort de Caracalla , fait succéder la paix aux desirs de la guerre, nourris par la trahison de ce Prince , & qui s'éteignent avec sa vie.

La politique de Macrin est louable : en informant Artaban de la mort de Caracalla , il épargne le sang Romain , & gagne une paix, dont les avantages sont plus certains que ceux d'une guerre , que le sort lui auroit pu rendre préjudiciable : Artaban accepte la satisfaction , sans doute guidé par les mêmes principes. Si Macrin sortoit victorieux de cette guerre , il perpétueroit la supercherie ; si au contraire

traire il étoit vaincu, Artaban se vangeroit de Macrin sur les Etats de Caracalla : dans les guerres entre les Princes Payens, nulle autre raison que la fortune, ou la force : mais entre les Princes Chrétiens, la sûreté & le bonheur de leurs sujets doivent en être & le principe & l'objet.

La paix est conclue, & Macrin profite de son repos en s'amusant dans la Phénicie : les soldats oisifs fréquentent le Temple du Soleil, où Eliogabale est renfermé auprès de Mesa sa grandemere : elle gagne les soldats par des grandes largesses, & le fait proclamer dans leurs quartiers.

Mesa élevée à la Cour, & née

avec beaucoup d'esprit , connoît les dangers qui menacent un Prince du Sang , sous un Empereur d'une maison étrangere : allarmée pour Eliogabale son petit-fils , & pour ses trésors , elle fait élever un Temple au Soleil , qu'elle orne richement , elle y renferme son petit fils , & lui donne le nom d'Eliogabale , qui veut dire Prêtre du Soleil : Ainsi Meza met dans la cause de son fils , & dans la sienne , les Dieux même ; ses trésors & l'Enfant sont des choses sacrées , auxquelles Macrin , ni ses semblables , n'oseront point toucher , de peur de s'attirer l'indignation publique & le ressenti-

ment des Prêtres, qui ordinairement ne haïssent point sans se
venger, & ne se vengent jamais
à demi : la politique des Princes
consiste donc à faire entrer toujours la Religion dans leurs projets : s'ils veulent que les peuples
s'y prêtent de bonne grace, ou
que du moins ils les respectent.

Macrin envoye Julianus con- *H*
tre Eliogabale : mais ses soldats
se rangent sous les enseignes du
Prêtre du Soleil, tranchent la
tête à l'Empereur, & prêtent
serment à Eliogabale.

Les soldats d'Eliogabale met- *M*
tent en usage deux artifices puis-
sans pour séduire les troupes de
Macrin : ils leur présentent leur

jeune Empereur, qui est un des plus beaux Princes, & leurs mains pleines d'argent, que Meza leur distribue : ainsi la beauté d'Eliogabale leur fait desirer avec impatience de voir sa Tête couronnée, & l'espérance du gain les rend esclaves de la générosité de Meza : la vanité & la cupidité commandent en maîtresses souveraines à tout l'univers.

H Macrin irrité du mauvais sort de Julianus, marche en personne contre les rébelles : l'action s'engage sur les frontieres de la Syrie & de la Phénicie : Macrin est vaincu, il change d'habits, & prend incognito le chemin de Rome : mais arrivé à Calcedoine, il tombe dangereuſement malade : les ſoldats d'Eliogabale le découvrent, & le tuent avec ſon fils Diadumene, après un an & demi de régne.

Les guerres inteſtines ſont or- *M* dinairement plus cruelles que les guerres étrangeres : ſi Macrin avoit perdu la bataille contre les Parthes, il auroit bien pu être pourſuivi dans ſa fuite ; mais il n'auroit pas été traité ſi indi- gnement. La raiſon ſe préſente d'elle-même ; parce que la guerre des Parthes intéreſſe la domi- nation de la Nation Romaine, au lieu que celle d'Eliogabale & des troupes de Macrin, qui lui ſont infidéles, eſt une rébel-

lion, & la rébellion eſt une guerre
contre la Perſonne du Prince :
on peut bien perdre une partie,
& conſerver l'autre d'un pays,
qui peut être diviſé ; mais la Perſonne du Prince eſt indiviſible ;
lorſqu'on la perd, on la perd
entierement.

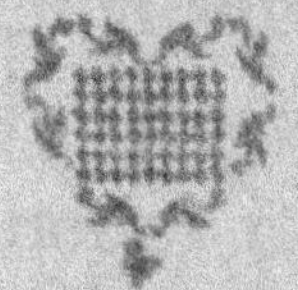

CHAPITRE II.

ELIOGABALE.

ELIOGABALE est reçû à *H* Rome, aux acclamations de joie de tout le peuple, qui croit voir revivre en lui les vertus d'Antonin le Pieux, de Marc Aurele, & de Septimius Severe.

Il est avantageux de devoir *M* l'être à des Ancêtres illustres : on hérite de leur crédit ; de sorte qu'on commence par où ils ont fini : tels Ancêtres sont louables, & tels Successeurs sont heureux :

mais Eliogabale le fera-t-il long-
tems?

H   A peine a-t-il pris poſſeſſion
du Trône, qu'il éléve un Tem-
ple au Soleil, & qu'il offre aux
Chrétiens la liberté d'y adorer
Jeſus-Chriſt, comme dans un
Temple commun à tous les
Dieux.

M   L'offre d'une grace qu'on ne
peut point accepter, eſt une in-
jure d'autant plus mortifianre,
qu'elle exige des remercimens.
Offrir aux Chrétiens un Temple
dédié aux Faux-Dieux, eſt une
attention polie, mais qui renferme une eſpece de perſécution:
le Chriſtianiſme en effet con-
fondu avec tant de cultes, ne s'a-

boliroit-il point ? Quiconque con-
fond toutes les Religions, n'en
a aucune, & touche au moment
de les opprimer toutes : mais
peut - être cette offre d'Eliogabale ne renfermoit-elle aucune
malice : en ce cas elle partoit
d'un fond d'indifférence, & l'indifférence en fait de Religion,
n'eft - elle pas un athéifme ra-
finé ?

Il méne fa mere au Sénat, H
& prétend qu'elle y ait féance
& voix comme un Sénateur : il
crée enfuite un Sénat de femmes
fur le plan du Sénat Romain,
& veut que l'on y juge toutes les
affaires des femmes Romaines.

Eft-ce pour honorer fa mere, M

qu'Eliogabale l'introduit dans le Sénat, n'est-ce pas plutôt pour tourner le Sénat en ridicule, & attenter à son autorité, en lui ôtant sa décence? Ainsi la Magistrature n'est point confiée aux femmes pour relever leur état, mais pour abaisser celui des Peres de la Patrie, & rester seul Maître Despotique de premier Empire de l'univers.

H   Il rassemble dans sa Cour un grand nombre de femmes, dont il prend l'habillement, leur tient des discours lascifs, & leur donne les noms les plus honorables que l'on puisse donner à des Ministres, à des Gouverneurs, & à des Généraux d'armées, & tient conseil avec elles.

Lorsque le Prince ne prend *M*
de la grandeur suprême que le
pouvoir de satisfaire à ses disso-
lutions, il doit du moins s'épar-
gner le soin de les rendre publiques : mais quand Eliogabale
se comporte avec une inconsé-
quence si marquée, il a sans doute
en vûe de détruire les Loix, &
de se donner pour la Loi, la ré-
gle & le modéle de l'univers :
sa prétendue lubricité n'est sûre-
ment que l'instrument de son orgueil. Il veut que le vice devienne une coutume, & la bru-
talité, la Religion dominante : il
veut par la publicité de ses infâ-
mes débauches que la volupté soit
la Divinité de Rome ; Eliogabale

veut donc joüir pendant sa vie,
& se faire adorer après sa mort.

H   Tout sent, tout respire, &
tout est femme chez Eliogabale.
Les fleurs & les parfums l'en-
vironnent, & le suivent par-tout :
pierres précieuses sur ses sou-
liers, garde-robe renouvellée fréquemment, tapisseries de draps
d'or, cabinet d'argent pour l'été,
tapissé de peaux de Liévre pour
l'hiver ; matelats de duvet de
Perdrix, limaille d'or & d'argent, répandue abondamment
par-tout où il passe : toutes ces extravagances en précédent beaucoup d'autres, qui doivent épui-
ser l'Empire. On lui représente
les suites funestes de dépenses si

confidérables ; il répond , qu'il n'eſt rien de ſi beau & de ſi doux que d'hériter de ſoi-même pendant ſa vie.

Eliogabale par la ſingularité de ſa conduite veut ſe diſtinguer de ſes Prédéceſſeurs , & ne pouvoir point être imité de ceux qui lui ſuccéderont. Pluſieurs d'entre les Empereurs, qui l'ont précédé, ſe ſont diſtingués par la juſtice , la piété , les Sciences, & par la valeur : il veut s'éternifer par des voies différentes : vanité infenſée , qui ne porte que ſur des principes faux , ſuite déplorable de la corruption de ſon cœur. Le Prêtre du Soleil ébloui de l'éclat du Trône , en

paſſant du Sacerdoce à la Royauté, paſſe de la piété à l'impiété,
de la pureté à l'infamie, & d'i-
dolâtre qu'il étoit, veut devenir
Idole : le pouvoir de faire tout
ce que vous voulez, Princes,
vous fait ſouvent vouloir ce que
vous devriez ſéverement punir :
apprenez que le Sceptre eſt l'inſ-
trument de la Juſtice, & non
de votre volonté.

H Ce Prince inſenſé, mais impie
par réflexion, affecte les jours
des Fêtes de diſtribuer au peuple les vaſes d'or & d'argent, &
fait répandre de l'argent dans les
rues.

M Chaque action d'Eliogabale
eſt une ſcélérateſſe marquée.

Tel est l'aveuglement des Princes qui se livrent à leurs passions,
que plus ils dégradent l'humanité, plus ils croyent approcher de
la Divinité, & se croyent dignes
de la vénération des hommes.
Le peuple va au Temple pour y
adorer les Dieux, & Eliogabale
répand l'or & l'argent pour leur
enlever le culte du peuple ; parce qu'il n'ignore point que la populace, esclave de l'intérêt, s'occupe plus volontiers à ramasser
l'or & l'argent, qu'à fléchir les
genoux devant les autels. Ainsi
Eliogabale possede l'art abomi-
nable de dérober aux Dieux l'encens qui leur est dû, & de mettre son extravagante ambition à
la place des Idoles.

H Semimirra mere de l'Empereur , & Mesa son ayeule , pour
appaiser les troubles & l'indignation que ses infamies excitent
dans l'Empire , l'engagent à
chosir pour Collegue son cousin
Alexandre Severe , jeune homme , que sa grande prudence &
ses mœurs irrépréhensibles font
aimer du peuple & de l'armée.

M Les hommes vertueux sont en
plus petit nombre que ceux qui
ne le sont pas. Pendant que l'Empire n'a point souffert de préjudice de la part des Nations étrangeres , Eliogabale a eu pour lui
la multitude , & dans le peuple
& dans l'armée , parce que le
plus grand nombre pouvoit , à

l'exemple

l'exemple du Prince ; donner carriere à ses diffolutions. Mais l'armée des Barbares inonde-t'elle l'Empire ? Cette même multitude confidere qu'il eft utile & néceffaire de facrifier la vie d'un feul à la confervation de tous. Ce facrifice feroit confommé, fi Eleogabale fe refufoit au confeil de Mefa & de fa mere. Le peuple s'appaife dès qu'il voit Alexandre Severe affocié au Gouvernement. Les Romains trouvent en lui un défenfeur de l'Empire, & en Eliogabale un Prince protecteur de leurs débauches & de leurs défordres. Mais Eliogabale en fera-t-il plus heureux ? Je ne le crois pas. On n'eft point

IV. Partie.   D

à son aise , lorsqu'on partage une place qui n'est faite que pour un.

H   Les Cohortes Prétoriennes informées qu'Eliogabale se repent d'avoir associé Severe à l'Empire, & qu'il en veut aux jours de ce Prince , cherchent à l'assassiner dans un jardin où il se proméne : mais les sollicitations d'Antiochianus, leur Préfet, les arrête : Eliogabale leur promet de réformer les Magistrats , & d'accorder quelques Compagnies de Gardes à Severe.

M   Tel est l'appanage honteux , mais juste, du vice & du crime , qu'ils sont réduits tôt ou tard à l'humiliation de supplier ! Le Prince qui est obligé de capituler avec ſes ſoldats, ne devient-il pas leur inférieur ? Si Elioga-bale veut placer entierement ſa confiance dans ſes troupes, que ne va-t-il joindre l'armée ; peut-être que les vertus de ceux à qui, comme Prince, il devroit en inf-pirer, le feroient devenir Prince digne de toute la confiance de ſes ſujets.

A peine les troubles ſont ap-*H* paiſés, que l'on voit dans l'Em-pereur la même débauche qui les avoit excités. Les Prétoriens ſont pouſſés à bout, ils conſpi-rent contre lui, vont en armes au Palais, tuent tous ſes domeſ-tiques, & le trouvant caché dans un recoin, s'en ſaiſiſſent, le jet-

tent dans des immondices, le
menent en cet état dans le grand
Cirque, dans les rues & places
publiques de Rome, lui attachent
enfin des grosses pierres au col
& à la ceinture, & le jettent
dans le Tybre à la quatriéme année de son régne.

M Princes méchans, que le sort
d'Eliogabale, s'il ne vous inspire
point l'amour de la vertu, vous
inspire au moins la crainte du
crime ! Le Prince qui ne met
point des bornes à son autorité,
borne la patience des sujets ; les
Dieux en effet seroient-ils bien
justes, s'ils ne leur confioient tant
de millions d'hommes, que pour
en faire autant de victimes de

leurs paſſions & de leurs caprices ? Croyent-ils que le peuple
les voye ſans douleur , épui-
ſer ſa ſubſtance , pour engraiſ-
ſer & enrichir des courtiſannes,
& des ſcélérats incapables de lancer une fleche contre les ennemis de l'Etat ? Monarques , ſou-
venez-vous toujours que la juſtice
commutative conſtitue le Prince,
& que la diſtributive le ſoutient.

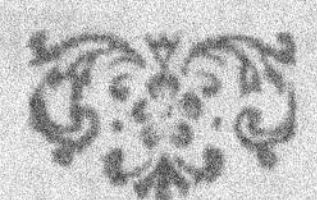

CHAPITRE III.

ALEXANDRE-SEVERE.

H Alexandre-Severe est proclamé à l'âge de seize ans. Mammea, sa mere, lui a donné des mœurs irrépréhensibles, & Severe n'est point séduit par les mauvais exemples d'Eliogabale.

M L'inconduite d'Eliogabale ne séduit pas Severe, parce qu'il voit Eliogabale détesté : les vices de celui-ci ne font que confirmer celui-là dans la pratique des vertus : de tous les tableaux qu'on peut mettre sous les yeux d'un jeune Prince , je n'en vois pas de plus inſtructif que celui de la vertu avec tous ſes at- traits , & celui du vice avec tou- tes ſes horreurs.

Severe excelle à jouer de plu- *H* ſieurs inſtrumens , mais il n'eſt pas plutôt élevé à la puiſſance ſuprême , qu'il ſemble avoir ou- blié qu'il a ce talent.

Celui qui a tous les talens à *M* ſon ſervice , ne doit point s'a- muſer à les cultiver perſonnel- lement : il doit les encourager , non les exercer. Severe voit que l'éloignement dans lequel Elio- gabale a vêcu pour les affaires de l'Etat, rendent odieux les plai- ſirs les plus innocens du Prince;

il a la prudence de s'en priver ;
la main du Prince doit être armée du Sceptre , même dans ses
amusemens ; parce que le peuple regarde alors les amusemens
du Prince comme de vraies oc-
cupations ; & jamais le peuple
ne laisse le Prince si tranquille ,
que lorsqu'il le croit occupé des
intérêts de l'Etat.

H Severe renvoye les Ministres
de son Prédécesseur , il donne
les charges les plus brillan-
tes aux gens Lettrés & de bonnes mœurs : il supprime la vé-
nalité des charges , disant que
ceux qui les achettent, vendent
la justice, & que ceux qui les
recherchent, en sont beaucoup
moins

moins dignes que ceux qui les fuyent.

Celui qui fuit les charges, en *M* confidere le fardeau & les devoirs ; celui qui les recherche, ne confidere que l'intérêt ; quiconque n'accepte une charge qu'à regret, ne penfe qu'à la rendre plus légere par une diftribution fcrupuleufe de la juftice : celui qui l'achette, n'a pour objet que l'argent qu'elle lui coûte, & les moyens de fe dédommager par les concuffions : le Juge qui fuit la charge qu'on lui donne, eft un fidéle ferviteur du Prince, & le véritable pere du peuple : celui qui achette, affaffine le peuple, & trahit le Prince : c'eft un Mar-

IV. Partie.   E

chand qui achette en gros, pour gagner dans le détail.

H   L'Empereur long-tems avant que d'envoyer les Gouverneurs à leur gouvernement, publie leur nomination, pour avoir le tems d'être instruit de la réputation, dont ils jouissent.

M   La conduite de l'Empereur est une excellente leçon pour les Princes : en publiant les nominations, il publie l'intention qu'il a de connoître les qualités des sujets qu'il choisit. Personne ne craint de l'offenser, en l'éclairant sur les défauts & sur les qualités de ceux qu'il destine aux charges : la voix du peuple est la voix des Dieux, & la voix des

Dieux est la seule que le Prince doit écouter dans le choix qu'il fait des gens qu'il destine à la distribution de la justice : combien d'objets importans le Prince ne remplit-il point en imitant Severe ! Il déclare à ses Courtisans qu'il faut être vertueux & sans reproche ; il se délivre ainsi de l'importunité des brigues, & n'a pour Courtisans que les bonnes mœurs, la probité & le mérite.

Lorsque l'Empereur apprend *H* la malversation de quelque Ministre, ou de quelque Juge, il se livre à une telle fureur, qu'il vomit une grandequantité de bile.

Tous les défauts dans un par- *M*

ticulier font défauts : dans un Prince au contraire un défaut peut être regardé comme vertu, en confidérant les effets qu'il produit : la colere peut être, par exemple, plus avantageufe à un Prince que la douceur : celle-ci fait qu'on efpere le pardon, & cette efpérance donne la hardieffe de commettre des fautes ; celle-là au contraire fait craindre la rigueur ; & fi la crainte ne change point le cœur, elle arrête du moins le bras, & contient les hommes dans leur devoir : un Prince doux, lorfqu'il commande, ne fait que manifefter fa volonté ; le Prince colérique eft fouvent obéi, même avant que d'avoir commandé : le premier eſt, à la vérité, quelquefois aimé ; mais ſouvent il n'eſt point ſervi : le dernier eſt déteſté ; mais n'eſt-il pas toujours obéi ?

Lorſque l'Empereur paſſe dans *H* quelque Province bien gouvernée, il comble d'honneurs le Gouverneur, il le remercie au nom de la République, de ſon adminiſtration ſage & juſte, & le récompenſe avec les biens du Fiſc.

Le Prince qui récompenſe, *M* doit imiter Severe, joindre l'utile à l'honorable, & non pas ces Princes, qui en récompenſant, ne conſultent que l'ava-

rice, & comblent des serviteurs
fidéles de beaucoup d'honneurs
sans profit ; les Miniſtres de
tels Princes, manquant du né-
ceſſaire, vont comblés de gloire
mourir à l'hôpital. Un Prince doit
être libéral sans orgueil ; il doit
joindre les dons aux honneurs.

H   Severe ſupprime toutes les dé-
penſes ſuperflues de la Cour, &
diminue les deux tiers des con-
tributions & des impôts qu'on
levoit dans l'Empire.

M   L'Empereur apprend ici aux
Princes à introduire des uſages déſagréables, ſans ſe rendre
odieux. Oter des penſions, ſup-
primer des charges, & regler
avec économie la dépenſe de la

Cour, font des opérations, qui
ne peuvent que déplaire aux particuliers intéreffés ; mais dimi-
nuer une bonne partie des impôts, ne peut qu'être très-agréa-
ble à l'Empire : ainfi cette ré-
forme faifant un bien général,
au préjudice de quelques particuliers, ne fouffre point de contradiction. Les applaudiffemens
de la multitude étouffent les
plaintes du petit nombre.

L'Empereur entretient fecre- *H*
tement des gens de bien, qui
s'introduifent fous divers prétextes dans les maifons des Miniftres & des Grands, obfervent
leur conduite, & lui en font un
fidéle rapport.

M Princes , que Severe deſſille
vos yeux : vous cherchez des eſ-
pions ſubtils & ruſés : Severe au
contraire ne veut que des gens
de bien , des gens ſimples & vé-
ridiques : la fauſleté accompagne toujours la ruſe , & la ſub-
tilité n'eſt que le menſonge dé-
guiſé : on feint des nouvelles
agréables , & rarement vous in-
forme-t-on des nouvelles impor-
tantes. Ignorez-vous que tout le
monde ſe concentre vis-à-vis ces
eſprits déliés & ſubtils , dont on
a tout lieu de ſe défier ? La probité au contraire vous fait des
rapports fidéles : & comme elle
n'eſt pas ſoupçonnée , elle voit ,
& ſçait tout ce qui ſe paſſe : le

meilleur espion n'est pas celui qui sçait le plus, mais celui qui est le plus sincere : ce n'est pas le plus spirituel, & par conséquent celui qui parle le plus, mais celui qui écoute beaucoup ; ce n'est pas enfin celui qui refléchit le plus profondément, mais celui qui rapporte la vérité.

Severe donne des secours abondans aux pauvres.

L'abondance & la punition font les deux colonnes de l'Etat : pourvoir aux vivres, c'est être Econome ; punir, c'est être Juge : punir les crimes, & pourvoir aux besoins des sujets, c'est être Prince : le droit du Maître ne porte que ſur les fruits de la bienveillance : & le ſujet n'eſt ſuppoſé s'être aſſujetti , qu'il n'y ait été auparavant engagé par des avantages ; de ſorte que le Prince doit avoir été bienfaiteur , avant que d'être Prince. Severe , qui veut , non pas goûter les douceurs de la Souveraineté , mais en remplir les devoirs , ſoulage d'abord tous ſes ſujets , quels qu'ils ſoient , pour pouvoir les punir avec juſtice , lorſqu'ils font des injuſtices. C'eſt un malheur pour les Princes que la miſere n'approche point du Trône ; ils ſentiroient combien eſt contraire à leur repos la néceſſité , qui n'impoſe d'autre loi

que celle de n'en pas reconnoître.

Un Perſe de naiſſance obſcu- *H*
re, appellé Artaxerxès, fait révolter ſa Nation contre Artaban, Roi des Parthes ; & après
l'avoir vaincu, & tué, il marche contre les Romains. Severe
marche en perſonne contre lui,
& le défait : l'Empereur de re-
tour à Rome, reçoit les honneurs
du triomphe ſur un char tiré par
des Eléphants pris ſur les ennemis.

Ce n'eſt point l'armée des *M*
Perſes qui allarme Severe : ſa
préſence n'eſt donc point nécel-
ſaire pour la vaincre : c'eſt le
nom d'Artaxerxès qu'il faut com-

battre : il vient de faire une action d'éclat , en faisant passer
l'Empire d'Orient des Parthes
aux Perses : pourquoi Severe
marche-t-il ? parce qu'il s'agit
de la gloire des Romains : il
faut faire voir à l'univers qu'un
seul homme peut subjuguer tout
l'Empire des Barbares , tandis
que toutes les forces de l'Orient
réunies ne peuvent point gagner
un pouce de terrein sur la Nation Romaine ; & une si glorieuse entreprise , exécutée avec
succès , fait craindre & respecter le nom Romain.

H   Les Allemands se révoltent ;
Severe se met à la tête des Légions , qui sont chargées en Ger-

manie , de contenir le pays ; mais accoutumées fous Elioga- bale à une licence effrénée , elles ne peuvent plus fe plier à la difcipline rigoureufe, que Se- vere veut faire obferver dans le camp : elles confpirent contre leur Prince, & le tuent fous fa tente avec fa mere : il meurt âgé de vingt-neuf ans, après en avoir regné treize.

Les Princes qui ne font pas *M* nés Princes, font toujours à plain- dre. Sont-ils méchans ? les gens de bien en veulent à leur vie ; font-ils bons ? les méchans les affaffinent : le malheur qui a été jufqu'ici inféparable des Empe- reurs Romains, vient de ce qu'au-

cun d'eux n'eſt né Empereur.
Les ſoldats accoutumés à les
voir vivre en particuliers pendant un long cours d'années ,
ne peuvent point paſſer de la
familiarité au reſpect , ni s'ac-
coutumer à recevoir la loi de
celui qui n'eſt pas né pour la
donner. Le Prince au contraire
qui n'a été connu que Prince ,
ſoutient très-aiſément ſa dignité : ſi ce n'eſt pas lui préciſément
qu'on reſpecte , c'eſt la mémoire
de ceux qui lui ont donné le jour :
ainſi il regne ſur le crédit d'autrui : mais qu'importe , pourvû
qu'il regne ?

CHAPITRE IV.

MAXIMIN.

MAXIMIN, Berger de la *H* Thrace, d'une grandeur gigantefque, & parvenu par les forces du corps au grade de Général, eft proclamé par les Légions : les premiers coups d'autorité qu'il frappe, tombent fur les gens attachés à Severe, fur ceux qui l'ont connu dans fon état obfcur, & fur les principaux Apôtres de la Religion de Jefus-Chrift.

Lorfque Maximin fait tuer les *M*

fidéles ferviteurs de Severe, il croit obliger les fiens à veiller à fa confervation, en leur faifant craindre le même fort, après fa mort, de la part de fon Succeffeur : quand la vie des fujets dépend de celle du Prince, la vie du Prince eft un dépôt, que les fujets gardent précieufement ; & la crainte produit les mêmes effets que la véritable affection : Maximin en faifant mourir les témoins de l'obfcurité de fon origine, arrache des autres un refpect d'autant moins limité, que leur vie en dépend : en perfécutant les Prédicateurs du Chriftianifme, il prétend déclarer ouvertement la guerre à une Religion,

Religion, qui porte fur la juftice ; vertu, qui a fait poignar-
der Severe.

Sa perfécution s'étend fur les
maifons les plus opulentes de
Rome : il en condamne à mort
les Chefs , pour s'emparer de
leurs biens : le Conful Maximus
éprouve le même fort , fous prétexte d'avoir confpiré : mais le
public lui rend juftice.

Il n'y a point de gens plus
jaloux de l'aifance des autres ,
que ceux qui font nés dans la
mifere , ni plus jaloux du commandement , que ceux qui font
nés pour obéir. La politique d'un
Tyran le rend toujours ennemi
irréconciliable des fujets , que

IV. Partie.   F

leur opulence rend presque in-
dépendans. C'est un monstre,
qui, au lieu de s'engraisser, en
usurpant les biens, emmaigrit au
contraire de l'embonpoint d'autrui.

H   Les soldats d'Alexandre Severe indignés de la cruauté de
Maximin, proclament Sparsia-
nus, qui bien tôt après est tué
dans son lit par Macedonius son
plus intime confident, qui porte
sa tête à Maximin.

M   Le domestique, qui espere plus
de l'ennemi de son maître, que
de son maître même, est l'ennemi le plus dangereux; plus le
maître s'en laisse approcher, plus
il doit prendre de précaution :

en lui ouvrant son cœur, il lui ouvre le chemin à la trahison : Princes, ne vous faites point illusion : donnez-vous de garde de prendre pour vertu la fidélité de vos Ministres ; plus occupés de leurs intérêts que de votre sûreté, ils vous livrent au plus fort & dernier enchérisseur.

A force de combattre & de *H* vaincre, Maximin dompte les Germains, il fait peindre toutes les batailles qu'il a gagnées, & les envoye au Sénat.

A force d'oublier ce qu'on est, *M* on devient ce quon n'est pas. Maximin, quoique simple Berger, apprend, en maniant le Sceptre, à le manier en Prince.

Le trait de politique qu'il nous présente, seroit adopté par le Monarque le plus versé dans l'art de gouverner. Il fait peindre ses victoires, afin que le Sénat & les Romains les voyant dans le même tableau avec le portrait du Prince, apprennent que la victoire étant attachée à la personne de Maximin, leur fortune est liée à son sort, & que, comme il est la principale figure du tableau, il a été aussi le principal Acteur dans le combat : c'est ici où l'on reconnoît l'adresse de ce Prince : il se loue, sans pouvoir être taxé d'orgueil, il envoye des tableaux, qui quoique muets, sont plus éloquens

que le panégyrique le plus ex-
preſſif: Princes, faites votre élo-
ge, on vous le permet, par des
actions éclatantes: cet orgueil,
dont vos ſujets admirent & reſ-
ſentent les effets, eſt un défaut,
il eſt vrai, mais un défaut avantageux: combien de Princes, qui
malheureuſement ne ſont que
trop affectés de la vertu contraire! L'orgueil dans les Souve-
rains n'eſt qu'ambition: & l'ambition eſt agiſſante: elle eſt le
principe des plus grandes actions.

La cruauté du Commiſſaire *H*
établi par Maximin, pour lever
les tributs en Afrique, irrite les
Africains: ils proclament Gor-

dien, leur Vice Conful, qui refufe l'Empire à caufe de fon âge:
ils acceptent fon fils. Les Romains auffi indifpofés que les
peuples de l'Afrique, contre Maximin, fe déclarent pour l'Empereur nouvellement proclamé.

M   Plus les Provinces voifines de
la réfidence font fidéles au Prince, malgré les vexations des Miniftres, moins celles qui en font
éloignées, font portées à l'obéif-
fance: les premieres trouvent plus
de facilité à faire changer le Miniftre, qu'à changer le Prince:
les dernieres au contraire, dont
les plaintes parviennent rarement au Trône, ont recours au
reméde fpécifique: elles fe ré-

voltent contre le Prince, pour
se débarraſſer des Miniſtres.

Maximin envoye Capellanius *H*
Général de la Numidie & de la
Mauritanie contre Gordien : il
eſt ſervi fidélement & heureuſe-
ment ; le jeune Gordien eſt tué
ſur le champ de bataille ; ſa mort
entraîne celle de ſon pere, qui
ſe tue de déſeſpoir.

La révolte des armées eſt fa- *M*
tale au Prince : celle du peuple
ne l'eſt qu'au peuple : le Prince
perd ſa force par la premiere,
par la derniere au contraire le
peuple laiſſant au Prince toute
ſa force, ne fait qu'ajouter à la
peſanteur de ſon joug.

L'Empereur charmé de cette *H*

victoire, s'avance vers Rome ; déja il est à Aquilée avec toute son armée, lorsqu'il apprend que les Romains ont nommé Empereur Maximus Puppineus, & Claudius Balbinus pour son Collégue, deux Personnages qui se sont distingués à la tête des armées, & dans les gouvernemens, dont ils ont été chargés. Les deux Elûs nomment Cesar, Gordien, neveu de celui qui a été tué en Afrique.

M Puppineus est redevable du Trône au désespoir des Romains : la fortune des particuliers est attachée aux calamités publiques ; lorsque tout le monde est content, tout le monde est Prince :

Prince : le contentement ne vaut-il pas le Trône ? mais tout le monde est-il dans la misere ? tout le monde cherche un Prince : parce que la misere est le plus grand de tous les maux.

Aquilée ferme ses portes à *H* Maximin, il l'assiége : tout manque au soldat : la campagne est pillée & brûlée : on apprend que l'Orient se révolte, & que plusieurs Romains trament par des menées secrettes quelque conspiration : ses soldats le tuent avec son fils, il meurt après avoir regné trois ans, à la soixante-dixieme année de son âge.

Le soldat manque de fidélité *M* au Prince, qui le laisse manquer

IV. Partie.   G

de pain : pour être fidéle , il faut premierement vivre : rarement exécute-t-on les ordres d'un maître , qui ne met pas ordre à la subfiſtance de ceux qui font obligés de lui obéir : la faim eſt une Souveraine , qui ne reconnoît point de Prince.

H Quoique Puppienus & Balbinus ne foient pas du même avis dans toutes les occaſions , ils font cependant d'intelligence , lorſqu'il s'agit de gouverner avec juſtice : les foldats qui aiment à vivre avec plus de licence , font mécontens de leur exactitude.

M Les Princes , qui rempliſſent les devoirs de la Royauté , ne font aimés que des gens de bien :

mais comme ceux - ci compo-
sent le plus petit nombre, ils
ne suffisent pas, pour faire applaudir à un gouvernement doux
& juste : la multitude constitue
la puissance du Prince ; le Prince
doit donc, pour sa sûreté, faire
de tems en tems quelques écarts.
Il n'en est pas du Prince comme
d'un particulier, à qui il suffit
de mériter l'estime des gens de
bien.

Les Chefs de l'armée vont ar-
més au Palais, ils dépouillent les
deux Empereurs de l'habit Impérial, & les conduisent à leur
quartier ; la Garde Allemande
survient pour les défendre, les
Prétoriens tuent dans la rue les

deux Princes, & les y laissent ;
ils rencontrent le jeune Gordien, & le proclament Empereur ; ils se font gloire de le faire
monter sur le Trône sans la par-
ticipation du Sénat.

M   Ce n'est point aux deux Empereurs que les Prétoriens en veulent, ils sçavent quelle est leur
vertu & leur innocence : s'ils
les tuent, ce n'est que pour
détruire l'ouvrage du Sénat, &
pour lui faire voir qu'il ne lui
convient point de s'emparer du
droit d'élire les Empereurs sans
le consentement de l'armée :
qu'importe à l'armée ou au Sénat que des innocens meurent,
pourvû que leur mort établisse

le droit que l'un & l'autre pré-
tendent avoir? C'est une imprudence dans le Prince de se re-
poser de sa sûreté sur ses vertus : les préjugés ne les respectent point : les deux Empereurs
se font admirer par leur justice ;
cependant ils sont assassinés : les
vertus particulieres ne mettent
point en sûreté les personnes publiques : la seule force écarte le
péril qui les menace. Le Prince
qui n'est gardé que par sa probité, est tôt ou tard la victime
de la scélératesse.

CHAPITRE V.

GORDIEN.

H QUOIQUE Gordien soit fort jeune, lorsqu'il monte sur le Trône, il est si bien secouru par Misitée, son beau-pere, que le commencement de son regne est généralement agréable ; parce qu'il est juste & généreux à l'égard de tout le monde.

M Un Prince jeune ne jouit pas des louanges que l'on donne à la justice de son gouvernement : il y a des vertus qui ne sont pas de tout âge : comme la justice

suppofe beaucoup de jugement ,
& comme au contraire le jugement ne fympatife point avec la
vivacité de la jeuneffe, on ne fe
perfuade point qu'un jeune Prince puiffe avoir le jugement d'un
homme confommé : il doit donc
montrer des vertus de fon âge, s'il
veut du moins partager avec fes
Miniftres l'encens qui eft dû à la
juftice de fon gouvernement. Un
jeune Prince fur le Trône n'eft
qu'une Statue animée par la fa-
geffe du Miniftre.

A peine Gordien eft reconnu *H*
Empereur, qu'il y a une éclipfe
totale du foleil ; elle eft fuivie
d'un tremblement de terre, que
l'on fent dans toutes les provin-

ces de l'Empire , & qui cauſe des grands ravages.

'M Les éclipſes & les tremble-mens de terre ſont des effets na-turels , que le peuple regarde comme des grands prodiges : il les prend pour des augures con-tre la Perſonne , ou contre le gouvernement du Prince. Et comme il eſt impoſſible que dans les grandes Monarchies il n'arrive des grands événemens , le peuple les attribue à ces effets extraordinaires qui les ont pré-cédés : cette erreur donne au peuple une haute idée du Prince ; parce qu'il croit que le Ciel a beſoin de faire violence à la na-ture , pour annoncer aux Monarques le deſſein qu'il a ſur eux. Travailler à l'extirpation de cette erreur, c'eſt donc anéantir la haute idée qu'on a des Grands ; & les faire rentrer dans la foule des hommes ordinaires. N'eſt-ce pas en effet à l'ignorance du peuple que les Princes ſont le plus ſouvent redevables de leur grandeur ?

Sabinianus, Général d'Afri- *H* que, ſe révolte, mais le Gouverneur de la Mauritanie marche contre lui : Sabinianus eſt trahi par les ſiens, mené priſonnier, & remis entre les mains des Miniſtres de Gordien.

Manége de Cour : les parti- *M* ſans de Sabinianus l'engagent à

la révolte, pour le faire prisonnier, & le livrer à Gordien : à la
Cour on ne connoît d'autre Religion que celle qui se plie à l'or-
donnance des entreprises qu'on
projette : Les Vénitiens disent :
Siamo Venetiani, dopo Christia-
ni, & les Principes, siamo Prin-
cipi dopo Christiani. Un homme
est-il trop élevé, on chatouille
son ambition par des projets d'é-
lévation, qui excitent ses desirs :
on le fait tomber dans des fautes : coupable, il est puni dans
toute la rigueur de la Loi.

H   Gordien marche à la tête d'une
puissante armée contre Sapor,
Roi de Perse, qui a étendu ses
frontieres aux dépens de l'Em-

pire Romain : il s'est emparé d'Antioche & de plusieurs autres Villes. Gordien le défait , reprend toutes les Villes , & l'oblige de se retirer au centre de la Perse.

La fortune seconde la valeur *M* de Gordien : & sa prudence est admirable. Par sa valeur il défait Sapor , par sa prudence il s'arrête sur les frontieres de la Perse , & peu ébloui de son coup d'essai , il ne tente point de pénétrer au centre du pays : Gordien sçait déja , quoique encore fort jeune , que des ennemis une fois vaincus , sont bien-tôt subjugués , & qu'un jeune Héros , qui débute avec bonheur, peut soumettre l'univers entier : mais il sçait qu'en le soumettant, il a tout l'univers pour ennemi : Gordien aime donc mieux le conserver que l'opprimer : le vrai Prince est toujours prêt à se défendre, mais rarement à attaquer.

H Un Arabe, nommé Philippe, homme d'une naissance obscure, mais parvenu par ses vertus guerrieres aux premiers grades, aspire à l'Empire. Pour y parvenir, il empoisonne Misitée, & lui succéde dans la charge de Préfet des Cohortes Prétoriennes : il parvient par des menées secrettes à faire manquer l'armée de vivres, & fait répandre le bruit, que la disette est occasionnée par l'inconduite de Gordien, de sorte que l'Empereur, pour appaiser l'armée, est obligé de nommer pour son Collégue le plus dangereux de ses ennemis.

Gordien péche contre les regles de la politique ; en satisfaisant l'ambition d'un traître, il le fait profiter de sa méchanceté, & l'encourage à cultiver un fond, qui lui produit des moissons si abondantes. Prodiguer les honneurs par crainte, c'est donner des aîles à l'arrogance du sujet qui les reçoit : tout Prince qui

M

cesse d'exercer l'autorité de Juge , touche au moment de ne
plus exercer celle de Prince.

H Philippe parvenu à ce point
d'insolence , réduit Gordien à
l'humiliante extrémité de prier
son sujet infidéle de le retenir à
son service , pour avoir de quoi
vivre. Mais il n'obtient pour
toute réponse , que la mort ; Philippe le fait tuer à l'âge de vingt
ans , après un regne de quatre
années.

M Princes , défiez-vous de vos
sujets , à qui vous ne laissez plus
rien à espérer : Philippe n'est
point attaché à la personne de
Gordien , il ne l'est qu'à la Sou-

veraineté où il aspire. Devenu tout-puissant, quoique sujet, il ôte tout à celui qui lui a tout donné, & Gordien, quoique Prince, n'est plus rien.

CHAPITRE VI.

PHILIPPE.

H PHILIPPE reſte en Aſie, & fait une paix honteuſe avec les Perſes : il leur céde la Meſopotamie & la Syrie, tant il eſt impatient de ſe porter en Arabie, ſa patrie, où il fait bâtir la Ville de Philippopolis.

M Céder honteuſement deux Provinces, pour ſatisfaire à la vanité de bâtir une Ville, c'eſt débuter ſur le Tróne par une baſſeſſe. L'intérêt de l'Etat eſt le premier intérêt du Prince, &

Philippe

Philippe en s'écartant de cette maxime, prouve bien que tous ceux qui font capables de foutenir le Trône, ne le font point d'y monter : perfonne ne doit à la Cour laiffer tranfpirer fon foible ; fi cette attention eft utile au Courtifan, combien plus n'eft-elle pas néceffaire au Prince ! puifqu'il différe autant, ou peu s'en faut du particulier, que le Créateur de la créature.

La paix diffamante que Philippe a faite, eft punie dans Philippe du mauvais accueil que les Romains lui font ; Philippe le fent, & veut, pour réparer fa faute, marcher contre Sapor, Roi des Perfes, qui reftitue auffi-

IV. Partie.   H

tôt la Méſopotamie & la Syrie :
& Philippe reſte à Rome, pour
célébrer la milliéme année de
ſa fondation.

M Le Prince étant l'image de la
Divinité, doit comme elle être
infaillible, ou du moins le pa-
roître : vouloir réparer des fautes, c'eſt les avouer ; & un tel
aveu n'eſt-il pas un effet de la
crainte ? Mais la crainte n'eſt-elle
pas une foibleſſe dans celui qui
eſt armé de l'autorité pour punir
les fautes des autres ? Philippe
n'agit donc pas en Prince, lorſqu'il ſe repent de la paix qu'il a
faite ; il détruit encore moins
l'impreſſion déſavantageuſe de
ce repentir, lorſqu'il profite de

la baſſeſſe de Sapor : Princes ja-
loux de votre puiſſance , que vos
fautes ſoient cachées ; & ſi vous
ne pouvez pas les ſoutenir ouvertement , que des prétextes
honnêtes voilent du moins votre repentir : les avantages de
la réparation ſont toujours infé-
rieurs au préjudice de l'aveu.

L'Empereur embraſſe la Foi *H*
de Jeſus-Chriſt , & ſe fait bap-
tiſer , ſans changer de vie : le
Souverain Pontife lui reproche
publiquement le jour de Pâques
ſes déſordres , & lui refuſe la
Communion , juſqu'à ce qu'il ait
rempli la pénitence qu'il lui preſ-
crit. Il ſe ſoumet avec humilité
aux ordres du Pontife , & après

les avoir exécutés, il reçoit la Communion.

M   Si l'on voyoit un changement dans les mœurs de Philippe, sa conversion pourroit passer pour une inspiration divine : mais prétendre se soumettre à une Loi, à laquelle on seroit fâché d'obéir, c'est une impiété, qui cache quelque mauvais dessein : la Loi de Jesus-Christ sert donc de prétexte à Philippe, pour se vanger adroitement des Sénateurs Romains, qui sont idolâtres : dans les Princes tout est subordonné à la politique : la Religion elle-même est obligée de se prêter à leurs vûes d'ambition ou de vengeance : & le Dieu du Ciel n'est

plus que l'esclave des Dieux
de la terre. La Religion &
la politique sont les deux puis-
sans ressorts du gouvernement ;
bien entendu que celle - là se
plie aux vûes de celle - ci : il
faut d'abord regner , ensuite ado-
rerer : mais le regne est-il tra-
versé par la roideur du culte , on
n'adore plus : on se contente de
regner. La Religion n'a droit
de parler , que lorsque la politique
n'a plus rien à dire.

Les Goths ravagent la Thrace H
& la Misie , Philippe envoye Marin son Général : mais celui-ci
n'est pas plutôt à la tête de l'armée , qu'il se révolte , & se fait
proclamer. L'Empereur se plaint

au Sénat : Décius lui dit, de ne
point s'allarmer, que Marin sera
bien-tôt puni , de façon à intimider ceux qui voudroient l'i-
miter : on apprend quelques jours
après que Marin a été tué par ses
soldats : Decius est élû Général,
& remplit la place de Marin.

M   Est-ce par la connoissance des
choses à venir que Decius prédit
à son Prince la punition de Marin ? Cette connoissance est l'appanage de la Divinité ; c'est donc
par adulation : cependant sa pré-
diction est vraie ; & il est récom-
pensé : mais je n'en suis point
surpris. A la Cour les vertus
tremblent , & le crime & le vice
se flatent , parce que ce n'est ni

les vertus, ni les crimes qui dé-
cident du fort des Courtifans :
c'eft un pays où la fortune crée,
& anéantit : pays où le bonheur
fans mérite devient un mérite
réel.

A peine le nouveau Général *H*
a-t-il joint l'armée, qu'elle le proclame Empereur : il refufe, mais
on l'oblige à être fervi comme
tel : Decius informe Philippe de
cette violence ; il l'inftruit de
tous les efforts qu'il a faits, pour
prendre la fuite, & pour fe rendre auprès de lui : il l'affure qu'il
le reconnoît toujours pour fon
Maître : malgré ces protefta-
tions, Philippe marche contre
lui à la tête d'une armée.

'*M* Philippe agit en Prince sage, lorsqu'il se met en mouvement contre Decius: l'armée, qui l'a forcé à prendre le titre d'Empereur, ne peut-elle pas l'obliger à devenir l'ennemi du Possesseur de l'Empire ? Ses vertus sont des crimes, que l'Empereur doit punir, puisqu'elles ont occasionné l'insolence de l'armée : que Decius soit coupable, ou non, Philippe doit sa punition à sa sureté : s'il est coupable, l'impunité de sa trahison seroit fatale à l'autorité suprême. Ainsi, qu'il soit innocent, ou non, le titre d'Empereur est un crime, qui, suivant les regles de la politique, doivent faire tomber sur lui

lui toutes les foudres de la Loi.

Philippe arrive avec son ar- *H* mée à Verone : ses propres troupes plus portées pour Decius que pour leur Empereur, dont le commandement sévere les rebute, le tuent après un regne de cinq ans : la nouvelle de sa mort se répand dans Rome, on tue aussi son fils.

La sévérité d'un Prince puis- *M* sant tient le sujet dans la crainte : mais la puissance suprême est-elle en litige ? la sévérité fait tomber le Prince ; la haine du sujet n'est-elle pas en effet l'ennemi le plus puissant que le Souverain ait à combattre ? Princes, employez la douceur, si vous vou-

lez vous rendre puiſſans ; & de
la puiſſance vous paſſerez au
plaiſir flateur de vous voir aveu-
glément obéis.

CHAPITRE VII.

DECIUS.

LE Sénat approuve l'élection *H* de Decius, il nomme son fils Cesar, & donne au nouvel Empereur le titre d'Auguste ; quoique Hongrois de nation, il monte sur le Trône avec les applaudissemens de tout l'Empire.

La méthode, dont le Sénat se *M* sert, pour faire des leçons à Decius, peut servir de modele à ceux qui approchent du Trône, dans le desir sincere d'être utiles

I ij

à celui qui l'occupe : le Sénat veut faire voir à Decius que la sévérité & la férocité de Philippe sont des exemples à fuir, & qu'un Prince doit regner avec douceur & clémence : mais l'orgueil des Princes leur fait recevoir avec impatience les conseils, qu'ils ne demandent point ; le Sénat fait honnêtement cette représentation à Decius, en lui donnant le nom d'Auguste, afin que ce nom chéri des Romains rappelle au nouvel Empereur les vertus du Prince qui le premier en a été honoré, & qu'il le prenne pour modele : ainsi l'avis couvert sous un titre honorable, loin de l'offenser, chatouille son amour-pro-

pre , & le miel de la flaterie en-
veloppe l'amertume de la représentation. Adulateurs aussi funestes au Souverain qu'au sujet , fla-
tez comme le Sénat , & de l'objet que vous êtes de l'indignation publique , vous deviendrez
l'objet de l'admiration du genre
humain : par un prodige inouï
le plus dangereux de tous les
vices deviendra enfin la plus utile
des vertus.

Il nomme Général Licinius *H*
Valerien , Personnage d'un mérite distingué : il est généralement
reconnu pour un Prince juste ,
quoiqu'il persécute les Chrétiens.

Si Decius a l'imprudence de *M*
couper le bras droit à l'autorité

suprême, en confiant ses forces à un Général, il a du moins la sagesse de conserver le bras gauche, en se réservant la souveraineté sur les affaires de la Religion : si victime des préjugés, il persécute une Doctrine, qui prêche l'obéissance au Prince, il a du moins assez de raison pour sentir que la Religion est une des parties les plus essentielles du gouvernement : le Prince le plus accompli laisse échaper des traits, qui déclarent l'homme : si l'humanité étoit infaillible, les hommes ne seroient-ils pas des Dieux ?

H Decius va en Thrace, attaque les Goths, & tue dans une seule action trente-mille hommes, le reste se disperse dans les bois & dans les montagnes.

Le premier devoir d'un Prince M est de ne point compromettre sa gloire : il doit, pour l'établir, assister en personne aux expéditions, dont le succès est assûré : Decius pratique cette maxime fondamentale, il marche en personne contre les Goths, parce que les Goths sont un peuple innombrable, que la faim, & non l'envie de conquérir, chasse de leur pays : soldats sans discipline, ils sont faciles à vaincre par des soldats disciplinés : ainsi Decius agit avec sagesse, lorsqu'il marche contre eux : parce qu'il est assûré de vaincre des gens qui cherchent du pain , & non pas des Royaumes : la gloire du Prince consiste à ne point laisser l'honneur des victoires aisées à ses Généraux : comme tout est grand dans les Princes, ou du moins supposé tel par le peuple, les expéditions faciles leur font autant d'honneur que les difficiles : parce que le peuple, qui ne se plaît point à réfléchir, ou qui ne le peut point, ne juge des entreprises des Princes que par l'événement.

H Trebonianus-Gallus, Gouverneur de la Misie, qui aspire au Trône, persuade aux Goths de se mettre en embuscade,

leur faisant entendre qu'en tombant subitement sur Decius, ils
le déferont infailliblement, ce
qui arrive en effet : la plus grande
partie de l'armée est taillée en
pieces, son fils est tué à son côté,
l'armée se disperse : Decius dé-
sespéré de la défaite de son armée, & de la mort de son fils,
pique son cheval, qui le précipite dans une fosse pleine d'eau,
où l'Empereur se noye à la seconde année de son regne, & la
cinquantiéme de sa vie.

La défaite de l'Empereur prou- M
ve combien un bon Général vaut
à un Prince : nous voyons que
les Goths sont en plus grand
nombre, lorsqu'ils sont vaincus,

que lorfqu'ils remportent la victoire : de-là on voit que le Général eft le principal reffort d'une armée : cette partie manque-t-elle ?
toute la machine fe défordonne :
le confeil de Trebonianus vaut
aux Goths les trente-mille hommes qu'ils ont perdus, puifqu'avec
trente-mille hommes de moins
ils triomphent de leur Vainqueur.
Ainfi cette défaite, loin de char-
ger de confufion les Romains ,
les comble au contraire de gloire:
puifqu'ils peuvent dire qu'ils ont
été vaincus, non par les Goths ,
mais par le confeil d'un feul
Romain.

CHAPITRE VIII.

TREBONIANUS-GALLUS.

LEs Romains, qui échapent H au carnage, se réfugient auprès de Gallus : comme ils ignorent sa trahison, ils le proclament Empereur, & le Sénat confirme l'élection. Le nouvel Empereur fait une paix honteuse avec les Goths ; il s'engage à leur payer un tribut annuel ; il se rend ensuite à Rome.

La honte suit la faute la plus M heureuse : la perfidie de Gallus lui fait craindre l'indiscrétion de ceux qui en ont profité : il n'y a point lieu de soupçonner que la paix qu'il a faite, soit l'effet de la crainte qu'il a d'être vaincu par les Goths ; mais il craint qu'ils ne parlent, & découvrent sa trahison, & que ce crime révélé ne le charge de toute la haine des Romains : la crainte de Gallus n'est-elle pas fondée ? la punition des traîtres est d'être trahis : c'est pourquoi il se rend à Rome, pour s'éloigner des complices de son crime, dans la crainte qu'ils ne le révélent ; les Goths, qu'il a fait triompher, font usurpateurs de l'Empire ; comme Empereur, il ne peut point vivre avec eux ; mais aussi il ne peut point leur

faire la guerre ; il les a rendus for-
midables aux Romains : ainsi
Gallus se retire à Rome , & fait
voir que la bassesse est la ressour-
ce du crime.

A peine est-il arrivé à Rome , H
que les Goths rompent la paix &
s'emparent de la Thrace , de la
Misie , de la Macédoine , & de
la Thessalie : les Perses à leur
exemple , entrent dans la Me-
sopotamie & dans la Syrie : Gallus envoye Emilien contre les
Goths , il les défaits , mais il
veut profiter de sa victóire , & se
révolte contre son maître.

Lorsque le Prince monte sur M
le Trône par la trahison , la trahison l'en précipite tôt ou tard ;

le précipice est toujours voisin du lieu élevé où la perfidie nous place : les Goths voyent les Romains divisés , il profitent de l'instant , & croyent avec raison pouvoir violer la foi jurée à un Gouvernement qui est infidelle à lui-même : les divisions intestines d'un Etat , sont des maux politiques que l'on guérit d'une autre façon que les maux naturels : ne connoît-on point parfaitement ceux-ci ? Ils sont incurables : ceux-là au contraire sont-ils connus ? Ils sont mortels.

H   Gallus marche en personne contre Emilien ; il est tué dans la bataille : Emilien reste Empereur , & Gallus meurt à l'âge de

quarante sept ans, après en avoir
regné deux.

La préfence d'un Prince dans M
une bataille qu'il livre à un fujet
rebelle, loin d'être avantageufe
au Prince favorife au contraire
l'infidélité de l'autre ; elle augmente fon courage, parce que
n'ayant rien à perdre il fe voit
à l'inftant de tout gagner par une
feule victoire : le Prince au contraire envoye-t'il contre lui un
Général, il retarde fes efpéran-
ces, quelquefois même il les laf-
fe ; parce que en triomphant du
Général, fon entreprife n'eft qu'é-
bauchée ; il lui refte encore à
vaincre le Prince, qui trouve
toujours à fe défendre : d'ailleurs

la révolte traînée en longueur
s'affoiblit & tombe d'elle-même :
c'est une bluette de grandeur
qui éblouit dans l'inftant, & dont
la féduction perd fa force à mefure que les Partifans du révol-
té réfléchiffent fur les dangers
auxquels ils s'expofent. De forte
que l'infidélité amorcée par l'intérêt, devient par le même principe fidelle au Prince & infidelle
au rebelle, & que la caufe du
mal en eft le reméde fpécifique.

CHAPITRE IX.

EMILIEN.

EMILIEN natif d'Afrique, de basse extraction, écrit au Sénat qu'il n'attend que sa confirmation pour marcher contre les Perses : le Sénat sous cette condition reconnoît le nouvel Empereur.

Le premier usage qu'Emilien fait de son élevation est un acte de servitude : un début si foible enhardit le sujet contre son Souverain : le sujet ose-t-il quelque chose contre le Prince ? Il au-

IV. Partie.　　　K

ra la témérité de tout ofer contre lui : il en eft des fujets comme des enfans : la moindre liberté que leurs gouverneurs leur
accordent leur enleve le centu-
ple de l'autorité qu'ils avoient
fur eux : le Sénat toujouts attentif à fa grandeur , confirme l'é-
lection d'Emilien , non par di-
fette de Généraux capables de
conduire avantageufement la
guerre contre les Perfes ; mais
pour ne pas laiffer échapper l'oc-
cafion de faire capituler l'Empereur , & pour d'étruire l'abus
qui s'eft gliffé dans les armées,
de proclamer qui bon leur femble : Emilien en promettant l'ob-
fervation d'une condition oné-

reuse , ne se déclare-t'il point en effet le sujet du Sénat ; celui qui impose la Loi n'est il pas supérieur à celui qui la reçoit ? Ajoutons que l'inquiétude qu'Emilien laisse échapper dans sa lettre sur la confirmation de son élection est un aveu des moins équivoques, qu'il fait de sa soumission au Sénat : Emilien proclamé par l'armée devoit donc commencer à marcher contre les Perses , ensuite les vaincre , & écrire le succès de son expédition au Sénat : le Sénat auroit en confirmant son élection, agi en protégé & non en protecteur.

Les Légions qui sont en quartier aux Alpes, ne veulent point reconnoître Emilien, & proclamer Valerien leur Général.

M Le sort d'Emilien qui de sujet rebelle devient Prince, divise Rome en plusieurs factions : le crime heureux enhardit le crime timide ; le succès d'Emilien donne l'espérance de commander à quiconque n'est point porté à obéir : la perte des Etats suit de près le bonheur qui couronne le crime.

H Les troupes d'Emilien ayant appris ce qui se passe à l'autre armée se soumettent à Valerien, & tuent Emilien ; il meurt à l'âge de quarante & un an, après en avoir regné deux.

Emilien devoit son élévation *M*
à la victoire & au Sénat : mais
ici les Généraux du Camp veulent un Empereur qui doive
l'Empire à l'armée : ils se livrent
à Valerien pour être comman-
dés par un Prince qui soit leur
Chef & non pas leur maître ,
qui regarde les soldats comme
ses bienfaiteurs , & non comme
sa proie , qui ait une autorité
cédée , & non acquise ; parce
que l'obéissance volontaire est
une partie du commandement :
une Nation qui se donne ne se
vend point : la liberté de se donner suppose toujours la liberté
de se retirer : il n'y a que la force qui soummet, & quiconque

domine par la force eſt tyran :
mais tyraniſer, n'eſt point regner : regner n'eſt donc qu'une
conceſſion du Peuple & non
une alienation ; la puiſſance re-
troactive eſt en faveur du Peuple comme en faveur du Prince : cette puiſſance qui eſt fondée ſur la conſtitution naturelle
eſt la baſe de tout Gouvernement:
le Peuple & le Prince ſont toujours mineurs : autrement la poſ-
terité payeroit ſouvent pour ſes
prédeceſſeurs. Ce qui choque-
roit évidemment la Loi naturelle.

CHAPITRE X.

VALERIEN.

A PEINE Valerien est-il re- *H* connu de tout l'Empire qu'il marche à la tête d'une puis- sante armée, contre Sapor Roi des Perses, qui du tems du re- gne de Gallus, s'étoit emparé de la Mésopotamie & de la Syrie.

Valerien est obligé de mener *M* avec lui non-seulement une ar- mée nombreuse, parce que de l'Univers entier, la Perse est la Puissance la plus redoutable après la Romaine; mais encore tous les Généraux que les Légions peuvent pendant son absence proclamer Empereur. Instruit par la mauvaise politique de ses prédécesseurs, il les tient près de toutes ses forces pour pouvoir les mettre à la raison s'ils ont la témérité de se revolter : telle est la situation d'un Prince que l'infidélité a placé sur le Trône, & telle est par conséquent la situation triste des Empereurs Romains, qu'ils ont autant à craindre du sujet que de l'ennemi. Les Dieux sont les Rois des Monarques ; ils veulent, & c'est le droit le plus glorieux de la divinité, donner des Trônes ; mais il ne veulent point qu'on qu'on les usurpe ; la haine ou l'affection des sujets sont l'instrument de leur vengeance ou de leur bienveillance, & les usurpateurs les victimes de leur courroux.

Sapor ne pouvant point résister *II* aux forces de Valerien , corrompt son Lieutenant Général, qui le fait tomber dans les embuches où l'Empereur est fait prisonnier.

Lorsque les Ministres corrup- *M* tibles & traitres , ont un maître peu intelligent , ils le trompent dans l'administrarion intérieure de l'Etat , & la pauvreté du sujet augmente à mesure que leurs véxations sont secrettes. Mais le

IV. Partie.   L

Prince eſt-il intelligent, & deſ-
cend-il à un examen ſcrupuleux
des opérations du miniſtère? Les
Miniſtres font périr le Prince :
la malice des hommes ſe preſ-
crit en un terme auquel ils peuvent parvenir : mais déſeſperent-
ils de réuſſir par la ruſe? Ils ont
recours à la trahiſon : Princes &
ſujets que vous êtes à plaindre !
Vous Princes, plus vous avez de
ſageſſe, plus votre vie courre de
riſques ; vous ſujets, votre état
eſt déplorable, ou vous perdez
un Prince ſage c'eſt-à-dire un
pere, ou vous perdez votre fortune : qu'eſt ce donc qu'un mé-
chant Miniſtre ? Dans l'un &
l'autre cas, c'eſt un fléau dont

les Dieux se servent dans leur colere pour se vanger de la méchanceté des hommes.

Gallien fils de Valerien , suc- *H*
céde à son pere qui est prisonnier , & ne s'occupe point du
tendre soin de le délivrer.

Il faut que le bonheur de re- *M*
gner soit un bien supérieur à tous
les biens ; puisque un fils aime
mieux être cruel envers son pere , & être Prince , qu'être tendre , & ne pas regner : le Prince
est si élevé au-dessus des autres ,
que pour peu qu'il soit ébloui de
sa grandeur , il voit de si loin
le reste des hommes , qu'il oublie
que, comme eux , il est homme ,

& qu'il ne soupçonne pas même l'humanité.

H   Valerien prisonnier est traité avec tant de mépris, qu'il sert de montoir à Sapor lorsqu'il monte à cheval : les traitemens infames que ce Prince lui fait souffrir , révoltent plusieurs Rois Barbares , qui le prient de respecter du moins la Majesté Impériale : leurs réprésentations sont vaines. Sapor au contraire l'ayant tenu sept ans dans cet esclavage lui fait créver les yeux : l'Empereur traité avec tant de cruauté , termine misérablement ses jours à l'âge de soixante & dix-huit ans, n'ayant regné qu'un an avant sa captivité.

Un Prince capable de vivre *M*
& de foutenir tous ces oppro-
bres eft digne de regner à jamais :
être accablé de l'ingratitude d'un
fils & vieillir dans les fers d'un
tyran fi orgueilleux, c'eft le comble de la fermeté la plus déci-
dée : Sapor irrité de n'avoir pû
dompter fon courage, par fept
années, dont chaque moment
étoit marqué par quelque inju-
re nouvelle, le fait aveugler ; &
tout aveugle qu'eft Valerien il
brave fon tyran. L'homme vrai-
ment fage, peut fe trouver dans
la mifere ; mais il n'eft jamais
miférable : Valerien a été Empereur des Romains par élection ; mais par fes vertus il eft

plus que Prince chez Sapor : la fortune lui enleve la premiere couronne du monde , mais elle ne peut lui enlever la plus petite de ses vertus ; elle le précipite dans un abîme de malheurs , mais son courage le rend inébranlable : resister à l'adversité & triompher de ses malheurs , sont les deux triomphes les plus glorieux de l'humanité , conséquemment des hommes qui regnent sur les autres hommes.

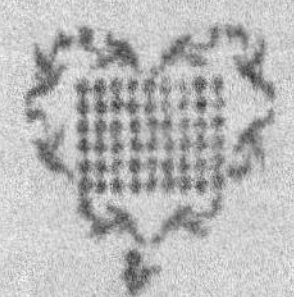

CHAPITRE XI.

GALLIEN.

Gallien après l'emprison-*H* nement de son pere, prend pour Collégue Odenatus, Gouverneur des Palmireniens, Peuple de la Syrie, & lui donne le nom d'Auguste. Il le charge du Gouvernement d'Orient, & se retire à Rome, oublie son pere & s'abandonne à la volupté, indispose contre lui ses Généraux & les Gouverneurs des Provinces, qui se révoltent, & se font proclamer Empereurs : on comp-

L iv

te pendant son regne de quinze ans , plus de trente Chefs de révolte.

M   Tant que les Généraux de Gallien le voyent cruel à l'égard de son pere, ils le craignent, allarmés qu'ils sont de sa vengeance ; mais de la cruauté passe-t'il à la débauche ? Le mépris, succéde à leur crainte, parce qu'ils voyent qu'il n'a point abandonné son pere par le desir de regner, mais de vivre impunément dans la dissolution ; son ingratitude ne leur paroît plus être l'effet de l'amour de dominer sur les hommes, mais d'obéir à son libertinage : celui qui commet des crimes pour regner commet une injuſtice : mais quiconque ne regne que pour pouvoir faire des fautes, s'attire le mépris de ſes ſujets; & le Prince méprisé n'eſt-il pas ſur les bords du précipice ?

Gallien content de l'Italie qui *H* lui reſte fidelle, ne ſe met point en peine des mouvemens de révolte qui s'élevent dans l'Empire : mais voyant qu'ils excitent contre lui la haine des Romains, il marche avec une puiſſante armée contre Igenuus Gouverneur de la Hongrie, qui ſe fait proclamer. Il le défait & le voit mort ſur le champ de bataille.

Le Prince qui croit trouver *M* ſa tranquillité à ſe contenter de

peu , s'expofe à n'avoir rien : le
peu quand il eft décoré de la
Royauté eft beaucoup : la témérité ne le croit pas indigne d'elle ; elle ne ceffe point un inftant d'y afpirer : ce Prince goû-
te au contraire , tranquillement
à fa Cour les douceurs attachées
à la couronne , qui domine fur
une grande étendue de pays ;
fes frontieres éloignées écartent
l'ennemi de fa réfidence : & comme il eft continuellement dans
la néceffité d'exercer fes troupes
pour contenir le pays , il eft toujours fur la défenfive , & par con-
féquent à couvert de l'attaque :
il fe repofe à l'ombre de la crainte que fes forces infpirent:

Gallien tourne enſuite ſes ar- *H*
mes contre les Goths, ſur leſquels
il remporte la victoire , & fait
paſſer au fil de l'épée tous les
Habitans des Villes qu'il reprend
ſur ſes ennemis.

La volupté eſt ſi féconde en *M*
vices , qu'elle produit même
ceux qui paroiſſent lui être le plus
oppoſés : on remarque qu'un
Prince mol & effeminé pendant
la paix , eſt cruel pendant la
guerre : ne ſeroit ce point qu'o-
bligé d'interrompre ſes plaiſirs :
il prend les armes non par raiſon d'Etat, mais pour ſe vanger
de ceux qui oſent troubler ſon
oiſiveté ? Ce n'eſt donc point par
juſtice mais par rage qu'il ſort

de ſon aſſoupiſſement, & la rage d'une perſonne qui peut tout
ce qu'elle veut, fait couler le ſang
humain juſqu'à la derniere gou-
te : la colere des Prince eſt un feu
exterminateur, qui brule auſſi
long-tems qu'il trouve d'alimens
pour s'entretenir.

Aureolus Gouverneur de l'Eſclavonie, un des Généraux qui
ſe ſont révoltés, entre dans l'I-
talie & s'empare de Milan ; Gallien ſurvient & l'y aſſiége : le rebelle gagne ſes Officiers, l'Empereur prend la fuite ſur l'avis
qu'ils lui donnent que les ennemis ſont entrés dans le camp. En
fuyant il tombe dans une embuſ-
cade, où il eſt tué avec ſon frere

Valerien, à la quinziéme année
de son regne & la trente-quatrié-
me de sa vie. *M*

La trahison surprend quelquefois la prudence du Prince le plus
vigilant. Et la fortune ne respec-
te pas toujours les mesures que
la politique lui suggere. Mais
quand les principaux de la Cour
deviennent traitres, ce n'est plus
la fortune qui est responsable de
cette trahison, c'est la négligen-
ce du Prince, qui doit être si
attentif à entretenir la division
entre les premieres dignités,
que ceux qui les ont soient plus
disposés à se trahir réciproque-
ment, qu'à se réunir pour trahir le Prince. *H*

A la mort de Gallien l'Empire se trouve ainsi divisé : les Goths sont maîtres de la Thrace, de la Macédoine & de quelques Provinces de l'Asie : Zenobie, veuve d'Odenatus Auguste, posséde l'Empire d'Orient, avec le titre d'Impératrice : Tetricus & Vittorin sont en possession de la France & de l'Allemagne; Aureolus se maintient Empereur de l'Esclavonie & de Milan.

Il est étonnant que tous ces Chefs se montrent si zélés pour la conservation de l'Empire Romain en son entier, & qu'en même tems ils le déchirent en tant de parties, nul d'entr'eux ne prend le nom de la Province

dont il s'est emparé ; mais il n'en
est aucun qui ne prenne le titre
d'Empereur ; n'est ce pas ambi-
tionner le tout, quoiqu'on n'ait
qu'une partie ? La raison de cette conduite me paroît assez clai-
re : chaque Nation se fait gloire
d'être membre de l'Empire Romain , & ne veut point par conséquent souffrir d'en être dé-
membrée , & chacune veut que
l'Empereur réside au milieu d'elle : c'est le nom qui en impose à
la multitude & non la chose....

CHAPITRE XII.

CLAUDE II.

H CLAUDE, après la mort de Gallien, est élû Empereur par l'armée : selon quelques-uns, il est natif de Dalmatie, selon d'autres, de la Ville de Troye : mais tous le reconnoissent pour un des principaux Officiers de l'armée, & pour un homme, dont les mœurs lui attirent l'estime générale.

M Aucun des complices de la trahison tramée contre Gallien, ne veut élire son complice, encore moins Aureolus, & c'est prudence :

dence : ils auroient trop à craindre d'un Prince, qui les connoî-
troit pour traîtres : le premier
uſage qu'il feroit de leur trahiſon, feroit ſans doute d'en jouir,
& il ne croiroit en jouir parfaitement, qu'en puniſſant les traîtres : parce que ceux qui ont
trahî Gallien, pourroient bien
être traîtres au nouvel Empereur. Leur méchanceté fait donc
le bien de l'Empire, puiſqu'elle
eſt réduite à ne trouver leur ſû-
reté que dans l'élection d'un bon
Prince : ils ne le proclament donc
point, parce qu'il eſt bon, mais
parce qu'il ignore qu'ils ſont
méchans.

La premiere opération de *H*

Claude, est de marcher contre Aureolus, qu'il défait, & qui est tué dans la mêlée : il entre ensuite victorieux dans Rome, & établit un ordre admirable dans les affaires du gouvernement : ce début lui concilie l'affection des Romains.

M Le courage & la fortune ont part à la victoire de Claude, mais le bon ordre qu'il met dans le gouvernement, est un effet de sa seule sagesse : la gloire d'un Général est attachée à la défaite de l'ennemi : mais la gloire d'un Prince dépend de la sagesse de son gouvernement : le grand nombre de Chefs de révolte, & la multiplicité des Loix produite

par le nombre de Princes, qui
en ont fait pendant leur regne,
jettent la confuſion dans l'Empire Romain : l'ordre ne peut
donc renaître, & la confuſion
être détruite que par un Prince,
qui ait aſſez de courage pour
commander, & aſſez de vertu
pour gouverner.

Le nombre des uſurpateurs, *H*
qui déchirent l'Empire Romain,
eſt ſi grand, que le Sénat déli-
bere contre lequel il convient
d'abord de marcher : mais Claude
décide que les Goths ſont les
premiers qu'il faut ranger au devoir.

Le Prince appartient à l'Etat. *M*
Les intérêts de l'Etat doivent

donc être les premieres affaires du Prince. Claude pénétré de cette vérité si glorieuse pour les Princes, & si avantageuse aux sujets, prouve au Sénat son opinion, en disant, que les autres Tyrans, répandus dans l'Empire, ne sont que ses ennemis personnels : mais que les Goths sont les ennemis de la Nation Romaine, & qu'il faut vanger les injures publiques avant les personnelles.

Les Goths unis avec d'autres Barbares, forment une armée de trois cens mille hommes, qui marchent contre Rome. Claude intrépide va les accueillir dans la Thrace : quoiqu'à la tête d'une armée beaucoup inférieure, il dé-

fait par sa conduite sage, les ennemis, dont une grande partie
reste sur le champ de bataille,
& l'autre est faite prisonniere,
ou tellement dispersée, qu'ils ne
peuvent plus se rallier : cette victoire remet l'Empereur en possession de tout le pays occupé
par les Barbares.

Les armées nombreuses font ordinairement composées de différentes Nations, dont la Langue,
les mœurs, la Religion & la politique sont différentes : les besoins
augmentent, à mesure que le
nombre des soldats grossit; tout
pays n'est point en état d'y fournir : rarement la victoire se ran-
ge-t-elle du côté de telles armées,

que le défordre fuit partout : la plus grande partie des foldats, qui les compofent, fe trouvent vaincus par la faim, avant que d'en venir au combat. Claude marche avec confiance contre ce grand nombre, affûré que la confufion, qui y regne, doit néceffairement lui valoir une armée.

H De la Thrace il retourne en Italie, pour attaquer deux cens mille Allemands, qui marchent vers Rome : il les joint près du Lac de Benacus, autrement dit, de Garde ; il les attaque, les défait entierement, & pourfuivant fa victoire, il fubjugue de nouveau toute la Germanie.

M Le travail accompagné de la

victoire, loin de laſſer le ſoldat, l'encourage : animé par le ſuccès, il ne trouve point de réſiſtance : la gloire d'avoir vaincu trois cens mille Goths irrite l'ardeur des troupes de Claude. Elles rougiſſent de ſe voir braver par deux cens mille Allemands. Dans les grands projets tout dépend du début : la premiere difficulté eſt-elle vaincue ? les autres s'applaniſſent.

Claude encouragé par le ſuc-cès de ſes expéditions, reprend la route de l'Orient, dans le deſſein de réunir à leur tout toutes les parties qui en ont été ſéparées : mais une fiévre violente le ſurprend dans Smirne, qui l'en-

leve dans peu de jours, après un
regne de dix ans. Les Romains
le mettent au nombre des Dieux,
& lui font élever une statue d'or.

M   Le Sénat comble d'honneurs
la mémoire de Claude : Claude
les mérite : mais est-ce pour rendre justice au mérite de ce Prince,
que le Sénat le déifie? Des honneurs rendus par un Corps rival
de l'autorité suprême, cachent,
selon moi, quelque mystere :
le Sénat, en s'acquittant envers
Claude, ne veut-il point encourager ses Successeurs à l'imiter, à aller, comme lui, mois-
sonner des lauriers dans les pays
éloignés ? s'il est vrai, comme
l'expérience le prouve, que lorsque

que le Prince est occupé sur les frontieres à faire la guerre, le Sénat est Empereur dans Rome; la réflexion porte-t-elle à faux?

IV. Partie. N

CHAPITRE XIII.

QUINTILIUS.

H Q Uintilius, frere de Claude, qui se trouve à Rome, est élû Empereur par les Légions d'Italie, & confirmé par le Sénat.

M Je vois toujours le Sénat saisir l'occasion de secouer le joug de la dépendance, en s'arrogeant l'autorité de confirmer les Empereurs ; mais je le vois aussi tomber en contradiction, en se prêtant au joug de la servitude, que les Empereurs lui imposent. C'est le propre d'une Puissance

divisée, d'être inconséquente même dans sa réunion.

Mais Quintilius apprend peu *H*
de jours après son élection, que
la grande armée a proclamé Au-
rélien : se défiant de sa foiblesse ,
& allarmé de la puissance de son
Rival , il se fait ouvrir les vei-
nes , & meurt après un regne de
vingt jours.

Si Quintilius vit , il perd l'Em- *M*
pire , si au contraire il meurt , il
le laisse : mais en Prince , qui
connoît son incapacité , il a assez
de génie, pour se réserver la gloire
de le laisser , plutôt que de s'exposer à la honte de le perdre :
il voit que l'un & l'autre doivent
lui coûter la vie : mais avec cette

différence qu'en perdant l'Empire, il mourroit de la mort qui flatteroit le plus l'orgueil de son ennemi ; au lieu qu'en le laissant, 'il peut mourir comme il veut : dans le premier cas il meurt en sujet, dans le second il meurt en Prince, puisque sa derniere volonté est un acte de Souverain : s'il meurt de la main ou par l'ordre d'Aurelien, il ne recevra point les honneurs funébres, au lieu qu'en mourant volontairement, il meurt en Empereur, conséquemment, digne des honneurs que l'on rend ordinairement aux maîtres de l'Empire Romain. C'est ainsi que raisonnne Quintilius, en

faveur de lui-même, contre lui-
même : mais cette politique eſt-
elle bien adroite ? Grands, c'eſt
à vous de décider. Convient-
il à un Prince de penſer plus à
la mort qu'à la Couronne ? C'eſt
un cas qui eſt de votre reſſort.
Sans entrer dans le ſanctuaire de
la politique, j'oſe avancer que
les Princes penſent plutôt à regner qu'à mourir : la nature,
n'eſt-il pas vrai, s'occupe aſſez
du ſoin de nous faire ceſſer de
vivre ? Au lieu que ſi le Prince
ne penſe point à regner, perſonne n'y penſera pour lui.

N iij

CHAPITRE XIV.

AURELIEN

H AURELIEN de basse ex-
traction, né dans la Tran-
silvanie, parvient à l'Empire par
sa valeur : à peine est-il reconnu
Empereur, qu'il marche contre
les Sarmates & les Suédois, les
attaque, en triomphe, & les
soumet.

M Quiconque cherche à faire
fortune à la Cour des petits Princes, doit s'attacher avec beaucoup plus d'attention à l'étude
de la politique, qu'à celle de

l'art militaire : mais veut-on travailler avec efficacité à son avan-
cement à la Cour d'un grand Monarque, on doit beaucoup plus
s'occuper des connoiſſances mi-
litaires, que des différents dé-
tours de la politique ; parce qu'-
on doit plutôt chercher à s'avancer dans les Charges dont les
fonctions ſont les plus néceſſai-
res au Prince pour ſe ſoutenir :
les négociations ſont l'ame des
petits Princes, les grands Princes ne ſe ſoutiennent au contraire que par la ſupériorité des forces. Aurelien imbû de ces principes ſolides, parvient d'une obſ-
cure naiſſance non-ſeulement
à la grandeur, mais encore à la

suprême puissance, au Trône Impérial.

H   Tandis que l'Empereur est occupé au Septentrion, les Marcomans pénétrent dans la Lombardie : l'Empereur ne va point d'abord au secours de cette Province ; elle est ravagée : il arrive enfin & perd la premiere bataille qu'il livre sous les murs de Plaisance : mais dans les deux suivantes, il tue & disperse les Barbares.

M   La conduite d'Aurelien prouve que la nature se trompe quelquefois, lorsqu'elle fait naître sous le chaulme, un homme qu'elle devroit d'abord placer sur le Trône. Aurelien né pour faire

un Prince véritable , voit qu'il
convient de terminer la guerre
contre les Sarmates , parce qu'il
auroit deux ennemis à combattre , & que ses forces seroient di-
visées*, conséquemment affoi-
blies , ce qui entraîneroit infailliblement sa ruine. Il retarde
donc à secourir la Lombardie
pour n'avoir qu'un ennemi en
tête : il sçait que la ruine d'une
seule Province ne doit pas balancer le salut de tout l'Empire,
& qu'il faut sçavoir dans l'occasion sacrifier une partie à la conservation du tout , qu'un petit
nombre d'années peuvent réparer
les pertes d'un pays , mais qu'on
ne peut pas si-tôt rétablir les ar-

mées ; il sçait enfin qu'on peut rebâtir des maisons, mais qu'on ne peut point ressusciter des hommes.

H   Aurelien après ces expéditions se rend à Rome pour y recevoir les honneurs du triomphe si bien mérités : il punit séverement ceux qui se sont recriés contre sa lenteur à secourir l'Italie : ensuite il agrandit les murailles de Rome, droit qui n'est acquis qu'à ceux qui ont étendu les bornes de l'Empire.

M   La liberté de parler sur les opérations du Prince, est une espece de jugement que la multitude ose usurper sur son maître. Et c'est ici le cas, où un voleur domeſtique doit être puni avec plus de rigueur qu'un voleur étranger. Aurelien punit ſes cenſeurs de deux manieres ; premierement en leur preſcrivant le genre de punition qu'il juge à propos : ſecondement en étendant les murs de Rome ; c'eſt une marque de triomphe qui prouve que ſa conduite a produit un bon effet : la façon la plus triomphante & la plus propre à punir la témerité de ſes cenſeurs eſt de leur démontrer que leur politique porte à faux, & que leur cenſure eſt inconſéquente.

Aurelien ne fait qu'un ſéjour fort court à Rome, il marche

en Orient contre Zénobie : les Habitans de Tiane en Cappadoce lui refusent l'entrée : il jure de les châtier de façon qu'il n'y laiffera pas même un chien en vie: mais Apollonius, Philofophe de cette Ville, lui paroît en fonge & l'inftruit de plufieurs chofes. L'Empereur non-feulement revoque le furieux Arrêt prononcé contre Tiane , mais encore il devient plus humain qu'il n'a jamais été.

'M   Comme les Grands ne brillent ordinairement que par l'ignorance du vulgaire , ils cherchent toujours à furprendre fon admiration , rien n'eft plus propre à remplir cet objet fi impor-

tant pour eux , & ſi dangereux
pour le Peuple , que de lui perſuader qu'ils parlent avec les
morts ; ce qui leur donne un air
d'hommes extraordinaires , puiſ-
que le vulgaire croit que les eſprits ſe font une gloire de s'entretenir avec eux : mais ce n'eſt
point aux inſtructions qu'Aurelien reçoit en ſonge d'Appollo-
nius , que Tiane eſt redevable
de la révocation de l'Arrêt ful-
minant lancé contr'elle , c'eſt à
la politique de l'Empereur : il
ne lui convient point de ſe rendre
odieux par une vengeance ſi
terrible , qu'elle exciteroit contre lui l'indignation publique :
il eſt plus avantageux à Aurelien

d'entrer dans Tiane avec la douceur du pardon, qu'avec la fureur de la vengeance.

H   L'Empereur entré dans Tiane par la trahison d'Eraclemone, le fait tuer publiquement.

M   Aurelien publie lui-même le motif qui l'a déterminé à tuer Eraclemone, en disant qu'un traitre à sa Patrie peut être capable de trahir son Empereur. Un Prince doit préférer la honte de l'ingratitude en exerçant la justice, à la gloire de la reconnoissance en commettant l'injustice. Récompenser les traitres, c'est une foiblesse qui prouve qu'on à besoin d'eux ; & montrer qu'on a besoin de la trahison pour faire des Conquêtes , c'est faire voir qu'on n'a point le courage de les faire par les armes.

Ses troupes lui représentent H qu'il leur a promis le pillage de Tiane , & qu'il a même juré de n'y pas laisser un chien en vie. Puisque j'ai promis , leur répond l'Empereur , de ne pas y laisser un chien en vie , je vous don- ne la permission de les tuer tous.

Puisque les Princes ignorent M l'art de rendre leur foi sacrée , ils doivent du moins posséder celui de la rendre respectable : si le parjure est odieux dans un par- ticulier , combien plus ne l'est- il pas dans les Princes ? Il en est d'un Souverain qui jure , comme d'un Souverain qui fait une Loi : celui-ci ne prévoit point toutes les circonstances que l'avenir , dont l'obscurité est impénétrable aux hommes , peut lui opposer ; celui - là lorsqu'il jure ne sçait point si des événemens qu'il n'a pu prévoir, ne lui imposeront point la nécessité d'être infidele à sa parole : un Prince ce doit donc avoir l'attention de se couvrir, lorsqu'il jure , & de se faire un subterfuge qui dans le besoin pressant d'être infidele à son serment, le mette à couvert du parjure ; cette morale dangereuse au particulier est nécessaire au Prince, parce que le Prince est

est plus sujet aux caprices de l'avenir, que le particulier : Aurelien se tire d'embarras par une plaisanterie. Si le Prince qui sçait refuser de remplir ses promesses sans se rendre odieux, est un Prince sage, combien plus ne l'est pas Aurelien, qui loin de se faire détester, a trouvé l'art par excellence de se faire applaudir.

Aurelien pénétre dans la Syrie, où Zenobie l'attend, non dans l'appareil d'une personne de son sexe, mais dans la posture d'un vaillant Général, à la tête d'une puissante armée: l'Empereur n'est pas plutôt à une journée de la ville d'Emesa, que Zenobie fond sur la

IV. Partie.   O

Cavalerie Romaine, & la rompt avec tant de vivacité, qu'elle prend la fuite: mais l'Infanterie s'avançant, pour la soutenir, elle se rallie, & se remet en bataille: Zenobie ne pouvant plus résister, prend à son tour la fuite, & Aurelien remporte une victoire, qui lui coûte cher.

M   Lorsqu'il n'y a point de gloire à acquérir, le Prince ne doit point se risquer. Aurelien n'avoit point des lauriers à espérer dans cette journée ; il pouvoit au contraire être vaincu par une femme, & une telle victoire flétrissoit tous ses lauriers. On passe bien quelquefois à un Prince prudent d'exposer sa vie, mais jamais d'expofer fa réputation. *II*

A mefure qu'Aurelien avance vers Palmire, Zenobie lui tend des embûches : il écrit à cette Princeffe, & lui affûre la vie & la jouiffance de fes tréfors, à condition qu'elle fe retirera tranquillement dans le lieu que le Sénat voudra bien lui prefcrire.

Les conditions qu'Aurelien fait *M* offrir à Zenobie, viennent d'un fond de prudence admirable : les conditions que l'on propofe à l'ennemi, portent un air de fupériorité ; elles font le prélude de la domination, qu'on doit exercer fur lui : le Prince, qui penfe à fe conduire difcretement à l'égard de fon ennemi, femble être af-

ſûré de la victoire : le tems de la
crainte eſt le tems le plus conve-
nable pour faire parade de ſa
puiſſance, afin que l'on ne dé-
couvre point la foibleſſe.

H   Zenobie peu ſenſible aux pro-
poſitions d'Aurelien, ne veut
point ſe rendre : Aurelien met le
ſiege devant Palmire, où cette
Princeſſe eſt renfermée : hors d'é-
tat de ſe défendre plus long-tems,
elle s'échape, & s'enfuit en Perſe,
emporte ce qu'elle a de plus pré-
cieux : mais pourſuivie par la Cavalerie Romaine, elle eſt priſe,
& conduite à Aurelien, qui lui
demande, comment elle oſe mé-
priſer les Empereurs Romains.
Vous ſeul, lui répond la Prin-

cesse, êtes Empereur, parce que vous sçavez vaincre.

Aurelien se comporte en Prince M sage, lorsqu'il fait poursuivre Zenobie : la liberté de cette Princesse est un ennemi, qui lui resteroit à combattre : Zenobie libre & courageuse lui susciteroit une guerre encore plus dangereuse que celle qu'il vient de terminer : la force d'un Général consiste dans les armées, & la force des armées dans la sagesse du Général. S'il est facile à un bon Général de former des grandes armées, il ne l'est pas également aux armées de former des bons Généraux.

A peine Aurelien a-t-il quitté H

la Syrie, que la Ville de Palmire se révolte, & déclare Roi
Archelaus, proche parent de Zenobie : Aurelien retourne sur ses
pas, prend d'assaut cette Ville,
& en fait mourir tous les habitans; il marche ensuite en Egypte,
contre Fermus, qui s'est fait proclamer Empereur.

M   Le Prince, comme le premier
Juge de son Royaume, doit me-
surer la punition sur la faute, s'il
veut qu'elle produise les effets
qu'il en espere. Mais lorsque les
fautes sont sans remede, il faut
faire mourir ceux qui les ont com-
mises, de peur que la force du
mal ne devienne supérieure à la
force de la justice : c'est ainsi que

les supplices sont nécessaires, &
que les potences, & les écha-
fauts sont les marques du triomphe, que les Loix ont remporté
sur la méchanceté des hommes.

Il ne reste plus à Aurelien qu'à *H*
réduire Tetricus, qui s'est rendu
maître de la France & de l'Espagne, sous le titre d'Empereur :
il marche contre lui ; mais Tetricus se rend volontairement, &
Aurelien se voit maître de tout
l'Empire.

Vaincre sans combattre, c'est *M*
le fruit de la victoire : la réputation d'Aurelien se répand dans
les Gaules & dans l'Espagne, &
lui fait contre Tetricus une armée des soldats même de Te-

tricus, qui voyant qu'il ne peut plus penſer à conſerver ſa domination, penſe à conſerver ſa vie : ſi ſe déſarmer utilement n'eſt pas valeur , au moins eſt - ce prudence.

H Son triomphe dans Rome eſt des plus magnifiques ; il vent être monté ſur un Char du Roi des Goths, tiré par quatre Cerfs , & que Zenobie enchaînée avec une chaîne d'or , & Tetricus le ſuivent : le Char eſt précédé , & ſuivi des dépouilles immenſes qu'il a enlevées aux ennemis.

M Ce n'eſt point quatre Cerfs, qui tirent un Char , qui font la beauté de ce ſpectacle , il ſeroit plus beau , ſi le Char étoit tiré par quatre

quatre Chevaux. C'eſt donc à la multitude des Spectateurs qu'il faut l'attribuer ; l'extraordinaire picque la curioſité de la populace : tel eſt le foible des grandeurs humaines, qu'elles ont beſoin des malheurs des hommes, pour avoir de l'éclat, & que s'il n'y avoit point de malheureux, il n'y auroit point de grandeur, ni de faſte : c'eſt la ſeule comparaiſon qu'on peut faire, & que l'on fait, qui conſtitue le bonheur, ou le malheur ſur la terre. Mais Zenobie enchaînée, ſuivant le Char de l'Empereur, ne triomphe-t-elle point autant qu'Aurelien : une femme, qui a obligé ce Prince déja vain-

IV. Partie.   P

queur de tant de rebelles, à raf-
fembler toutes fes forces, pour la
vaincre, n'a-t-elle pas autant de
gloire, quoique vaincue, que fon
Vainqueur? Il eſt fi rare de voir
une femme à la tête d'une armée,
que Zenobie peut être regardée
comme un prodige, qui fert à
faire voir la petiteffe d'Aurelien,
qui veut que fon Char foit fui-
vi d'une Princeffe malheureufe.
Loin donc que Zenobie orne le
triomphe d'Aurelien, le triomphe d'Aurelien orne les malheurs de Zenobie : la petiteffe accompagne toujours la grandeur.
Grands, ne ferez-vous grands que
par le nom ?

H Après que la folemnité du

triomphe eſt finie, il donne à Tetricus le gouvernement des Provinces, qui forment aujourd'hui
le Royaume de Naples : il donne
auſſi pluſieurs poſſeſſions à Zenobie, pour la faire vivre ſelon
ſon rang le reſte de ſes jours.

Il y a plus de faſte dans les *M*
préſens que dans la ſolemnité du
triomphe ; il y a autant d'imprudence dans les premiers, que d'orgueil dans le dernier : donner un
gouvernement à un Général, qui
a joui du titre d'Empereur, c'eſt
une faute groſſiere, que la ſaine
politique des Princes ne par-
donne point : le titre de Gouverneur ne peut jamais rempla-
cer celui d'Empereur ; il peut

tout au plus fournir les moyens
de le recouvrer, & c'eſt le point
qu'Aurelien ne devoit point né-
gliger : nous avons dit qu'il y a
plus de faſte dans les préſens,
que l'Empereur fait à ſes deux
Priſonniers, que dans la ſolemnité du triomphe : rien n'eſt plus
vrai. Zenobie & Tetricus ont pa-
ru enchaînés, & comme vaincus,
le peuple ſe rappelle que l'une a
été Imperatrice, & l'autre Prince : ils ſont du moins reſpectés
dans leurs diſgraces ; parce que
le peuple ſe trouve heureux de
pouvoir regarder en face une
Princeſſe, & un Prince, qui a
commandé pendant pluſieurs années les Gaules & l'Eſpagne : les

Grands malheureux infpirent des fentimens de refpect. Mais lorfque les deux Captifs reçoivent des libéralités d'Aurelien, le refpect du peuple difparoît ; parce qu'ils paroiffent avoir befoin du premier néceffaire ; manquer de tout dans un rang fait pour ne manquer de rien, eft la plus humiliante fituation, où un Prince puiffe fe trouver : Aurelien peut fe vanter que le plus grand Général de l'Occident, & la plus grande Princeffe de l'Orient, doivent leur aifance à fa clémence & à fes libéralités.

Aurelien accoutumé aux grands mouvemens, ne peut point vivre en repos ; il veut porter

la guerre en Perſe , pour vanger les traitemens indignes , dont
on a accablé Valerien : mais
ayant en chemin menacé de
mort Meneſteus, ſon premier Se-
crétaire , il s'attire ſa haine : celui-ci feint une liſte des perſonnes , que l'Empereur veut faire
tuer , & la montre à ceux , dont
les noms y ſont inſcrits : cette
feinte a tout le ſuccès deſiré :
on conſpire contre Aurelien , à
qui l'on tend des embûches ; un
jour qu'il va peu eſcorté d'Hera-
clée à Biſance , il eſt aſſaſſiné à
la ſixiéme année de ſon regne.

'M   Les Secrétaires ſont une eſpece de Domeſtiques , qui , Dé-
poſitaires des ſecrets les plus in-

times, font maîtres de la fortune, & fouvent de la vie : comme ils connoiffent les liaifons, les correfpondances & les affaires de ceux à qui ils appartiennent : cette connoiffance eft une force irréfiftible, qui leur donne la faculté de fe vanger d'une mortification qu'ils reçoivent : il eft donc de la prudence du Maître, ou de fermer les yeux fur leurs fautes, ou de les punir de façon qu'ils ne puiffent plus parler.

CHAPITRE XV.

TACITE.

SI la vertu empruntoit son éclat de l'or & de la pourpre, il n'y auroit point de Prince, qui eût eu plus de splendeur que Neron & Eliogabale : mais elle brille par elle-même; aussi est-elle sa propre récompense : peu sensible aux douceurs, qui paroissent environner le Trône, elle n'en contemple que les devoirs ; elle les trouve si grands, qu'elle s'en allarme : la modestie accompagne la véritable vertu ; il n'est donc point étonnant qu'elle se dé-

fie d'elle - même , lorfqu'il lui
faut remplir tant de devoirs ,
dont l'exercice eft combattu par
l'attrait de-tant de vices, que
l'autorité canonife dans le Prince.

L'armée ne veut plus élire *H*
d'Empereur, elle fait dire au Sénat qu'elle lui céde ce droit, fe
réfervant toutefois celui de confirmer fon élection : & fix mois
fe paffent dans cette conteftation ; pendant ce tems le Sénat
gouverne l'Empire.

Cette conteftation, qui paroît *M*
d'abord un affaut de politeffe ,
n'eft qu'un manége de la politique la plus déliée : la confirmation du Sénat eft un Acte Ju-
ridique , qui établit la légiti-

mité de l'Empereur ; l'armée en-
orgueillie des grandes actions
d'Aurelien , veut augmenter son
autorité sous prétexte du céré-
monial : mais le Sénat composé
d'hommes , qui ne sont point dis-
traits par la dissipation insépara-
ble de la vie militaire , pénétre
la politique de l'armée , & lui en
oppose une autre , qui n'est pas
moins adroite : l'élection d'un
Empereur retardée remplit les
vûes du Sénat : l'interregne le
rend maître de la plus grande
portion de l'autorité.

H   A la fin le Sénat se rend aux
instances de l'armée ; il élit pour
Empereur Tacite, qui est si vieux,
que marchant à la tête d'une ar-

mée contre les Perses, il meurt en chemin le sixiéme mois de son regne.

Le Sénat n'a que des decrets M à opposer aux lances & aux épées de troupes accoutumées à faire ce qu'elles veulent. Un droit défendu par la plume est bien-tôt emporté par les armes. Le Sénat sent sa foiblesse, il fait la volonté de l'armée, parce qu'il ne peut point défendre la sienne : la force est un droit supérieur à qui tout céde : il proclame Empereur un vieillard, dans l'espérance que sa caducité ne plaira point à l'armée, qui a besoin d'un Empereur vigoureux : Tacite, selon le Sénat ou

sera refusé ou sera confirmé ;
dans le premier cas le Sénat re-
couvre le droit de la confirma-
mation , dans le second l'âge de
Tacite doit ramener bien-tôt le
même manege , & le Sénat re-
gnera. N'avoir qu'une corde ten-
due dans son arc : politique stérile, & qui réussit rarement. Dans
les Etats électifs , plusieurs aspi-
rent au Trône : on y préfére donc
les Princes dont l'âge rend fréquemment la place vancante.

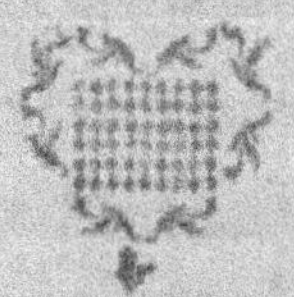

CHAPITRE XVI.

FLORIEN.

FLORIEN après la mort de *H* l'Empereur son frere, se place sur le Trône sans s'embarrasser d'être élû : mais apprenant que Probus a été proclamé par l'armée, il se fait ouvrir les vaines & se laisse mourir.

Le cœur a ses saillies com- *M* me l'esprit à les siennes ; un avare à des momens de générosité, & le poltron des instans de courage : Florien en se mettant de sa propre autorité sur le Trône, frappe un coup d'indépendance qui bien soutenu, anéantiroit l'autorité de l'armée & celle du Sénat : mais cet accès de bravoure n'est que momentané : Florien assis sur le Trône par un coup de vigueur, apprend-il que Probus est élû ? Je ne vois plus en lui qu'un homme à qui le transport donne des forces & qui un instant après tombe dans un espece de létargie : Probus n'a point encore attaqué le nouvel Empereur, qu'il en triomphe : Florien se défie de lui-même, se contente d'avoir regné un instant, & trouve une fausse gloire à terminer un regne si court par une lâcheté : s'il faut

Lien des vertus pour s'emparer
du Trône, combien plus n'en
faut-il pas pour s'y soutenir ?

CHAPITRE XVII.

PROBUS.

H PROBUS, Hongrois de nation, personnage aussi distingué par l'intégrité de ses
mœurs, que par sa bravoure &
par son habileté à faire la guerre est élevé à la dignité Impé-
rale. Il passe dans les Gaules
pour repousser les Germains qui
infestent le pays : les deux armées
se joignent, entament une action
qui dure pendant deux jours
sans que la victoire se décide,
mais à la fin l'acharnement de
Probus le rend vainqueur de ses
ennemis

ennemis ; après en avoir laiſſé trente mille ſur la place.

Le premier uſage que Probus *M* fait de l'autorité ſuprême, eſt en faveur de la nation qu'il commande : tout Prince qui entend ſes intérêts, doit débuter par l'intérêt public : cette attention lui attache ſes ſujets : commencer autrement un regne, c'eſt exciter contre ſoi l'envie du Peuple & ce n'eſt qu'en excitant ſa reconnoiſſance que le Prince peut regner avec tranquillité & avec bonheur.

Probus triomphe : mais pourquoi triomphe-t-il ? Parce que les Germains combattent pour ſe défendre, & que les Romains au

IV. Partie. Q

contraire ne combattent que pour avoir la gloire de vaincre : les premiers ne se servent de leur courage que par amour de la vie : la crainte de mourir les rend valeureux ; les derniers au contraire méprisent la vie pour montrer leur courage. Est-il donc étonnant que ceux-là se lassent les premiers, & que ceux-ci s'acharnent au combat ? Les premiers se défendent, les derniers attaquent : là c'est la timidité qui a les armes à la main, ici c'est l'amour de la gloire qui frappe les coups que l'on porte.

Probus après une expédition aussi glorieuse, marche contre les Sarmates, qui ont pénétré dans l'Esclavonie, il les défait. Les Goths allarmés de la rapidité de ses victoires, pour éviter le sort des vaincus, recherchent par des supplications les bonnes graces du nouvel Empereur.

Si Probus avoit été battu, les Goths rechercheroient l'amitié des Sarmates; mais il est vainqueur, & les Goths recherchent son amitié: la politique des Nations foibles consiste à se lier à la fortune du plus fort: les Romains guidés par le même esprit, s'attachent à détruire tant de Barbares: la sagesse d'un Gouvernement exige que l'on secoure les foibles, pour balancer la puisſance du plus fort : l'équillibre entre les grandes Puiſſances, eſt la ſeule & plus forte barriere que l'on puiſſe oppoſer à la domination univerſelle.

H Le ſuccès ſuit par-tout Probus : de la défaite des Germains il paſſa aux confins de la Cilicie, & ſoumet la Province d'Yſauria ; il en diſtribue les terres aux ſoldats qui ont vieilli au ſervice de l'Empire : il récouvre l'Arabie, la Paleſtine, & la Judée, ſur les Ethiopiens & les Egyptiens, qui s'en étoient emparés.

M Il eſt plus avantageux de dépouiller les rebelles que de les faire mourir : la mort ne punit que la perſonne que l'on prive

de la vie : au contraire en pri-
vant des biens on punit toute la
parenté : & comme cette punition n'est point momentanée ,
elle perpétue l'horreur de la faute : les richesses dans le sujet sont
des armes dont il se sert contre
le Prince : si Probus fait mourir
les rebelles & laisse leurs suc-
cessions à leurs Parens : sa vean-
geance n'est que momentanée ,
& il laisse un aliment au ressen-
timent de ceux qui héritent.

Lorsque le sujet voit que ses
crimes peuvent être utiles au
Prince, il est agité d'une double crainte : il craint la mort : il
craint le fisc. Les héritiers deviennent donc les garants envers

le Prince , de la fidélité de ceux dont ils esperent hériter : la fidélité intéreſſée n'eſt - elle pas en effet la fidélité la plus conſtante ?

H   L'Empereur déclare la guerre à Narſés , Roi de Perſe : mais celui ci achette la paix : il donne des ſommes immenſes , & accepte toutes les conditions que Probus lui préſcrit.

M   Il ne ſuffit pas au Prince de ſe faire une grande réputation , il doit encore en profiter ? S'il en tire des avantages , ils influent ſur le ſujet , & comme l'intérêt eſt dans celui-ci le vehicule de ſa fidélité , le Prince ne ſe conduiroit plus en Prince , s'il ne tiroit point parti du nom qu'il s'eſt acquis par ſes exploits : Probus imbû de ces maximes, ne cherche point à étendre les bornes de l'Empire, parce que cette gloire ſeroit trop diſpendieuſe ; un pays conquis qui eſt éloigné coûte plus qu'il ne vaut : mais la Perſe eſt riche ; Probus en attaque le Roi; il vend à Narſés un Royaume qu'il ne lui appartient pas, & fait par des menaces entrer dans Rome des richeſſes, qui par la victoire ne ſeroient jamais ſorties de la Perſe : Narſés de ſon côté, voyant l'impuiſſance dans laquelle il eſt de ſe défendre par les armes, ſe défend à force d'or : il préfére

la honte d'achetter on Royaume à la douleur de le perdre :
un riche tréfor conferve mieux
quelquefois les Royaumes, que
le meilleur arfénal.

H	Le bonheur de Probus eft fui-
vi d'une paix univerfelle : mais
cette tranquillité eft bien-tôt
troublée par les mouvemens des
Egyptiens, qui proclament Empereur Saturnius, auffi-tôt vaincu & tué que proclamé.

M	On ne peut pas dans un vaf-
te Empire efpérer une longue
paix : je dis plus ; elle n'eft pas
à defirer : on ne peut pas l'ef-
perer, parce qu'où l'on compte
les hommes par millions, il eft
impoffible qu'il n'y ait ou quelque

quelque esprit remuant, ou quelque Grand qui soit mécontent,
ou quelque ambitieux entrepre-
nant : elle n'est pas à desirer ;
parce que le fruit d'une longue
paix est de corrompre les hommes & de les amollir : de sorte
que dans la suite l'Etat est-il attaqué ? Il se trouve hors de dé-
fense : l'art de la guerre est ou-
blié, & les hommes amollis par
une longue oisiveté, passent non-
chalamment des douceurs d'une
vie tranquille, aux fatigues de la
discipline militaire à laquelle ils
ne se plient que difficilement. Il
en est des productions politiques
comme des productions naturel-
les : rien ne se produit & ne se

V I. Partie.   R

conserve que par le mouvement :
le mouvement cesse-t-il ? Tout
est en langueur ; tout périt.

H   Bonesus en France & Proculus en Angleterre, deux Généraux fameux se font proclamer
Empereurs : Probus toujours in-
fatigable & toujours heureux,
marche à la tête d'une puissante armée : Bonesus en est informé : il se tue lui même ; & Proculus est tué par ses propres soldats, qui en punissant le rebelle,
recherchent les bonnes graces
de leur Empereur.

M   Proculus est grand Général :
mais petit politique : une Nation
amoureuse de sa liberté ne la
perd jamais de vûe : le poids des

fers n'étouffe point en elle le de-
fir dominant de la recouvrer : il
n'eſt point de moyen qu'elle ne
ténte pour ſécouer le joug : l'Angleterre porte Proculus à ſe révolter pour eſſayer de rentrer
dans ſon indépendance , au péril d'une tierce perſonne : Proculus a-t-il le bonheur de réuf-
fir , ſon ſuccès lui coutera la
vie ; échoue-t-il dans ſon entre-
priſe , même danger : l'Angleterre pour ſe mettre à couvert
du reſſentiment de l'Empereur ,
ſacrifie Proculus à ſa vengeance.
Comment ce Général ignore-t-
il , qu'il n'eſt rien de plus ordi-
naire à la Cour , que d'accuſer
l'ami pour s'excuſer ſoi-même ,

R ij

& que l'intérêt perſonnel y déiſie la trahiſon ?

H   Les Goths & les Vandales à qui Probus avoit donné par gé-néroſité des maiſons & des ter-res dans la Thrace, pillent, ſaccagent & brulent les Provin-ces voiſines : Probus ſe met en marche pour les punir ; il en tue un grand nombre, les au-tres prennent la fuite & vuident le terrein de l'Empire.

M   Permettre que des étrangers entrent dans une Province rui-née, pour la peupler & la cul-tiver, eſt une prévoyance d'au-tant plus louable qu'elle eſt né-ceſſaire : mais ſouffrir que ces mêmes étrangers faſſent dans

l'Empire un Peuple à part , &
qu'ils y vivent selon leurs Loix ,
leurs usages & leurs coûtumes ;
c'est dans le Prince une imprudence des plus marquées : c'est
réchauffer un serpent dans son
sein : toute Nation hors de son
pays qui se tient liée par les mêmes Loix , porte sa Patrie à l'en-
droit où elle est reçue par hos-
pitalité : elle ne néglige rien pour
ériger en droit , ce qui n'est
qu'une concession , & sa trahison est souvent la reconnoissance
dont elle paye les bienfaits du
Prince qui la reçoit dans ses Etats.

Probus retourne à Rome pour *H*
triompher : mais bien-tôt perdant de vûe le bon principe qu'il

paroiſſoit avoir avoir adopté, il médite d'étendre les bornes de l'Empire Romain, par la ruine de celui des Perſes, qui après celui-là eſt le plus conſidérable de l'Univers. Mais paſſant par l'Eſclavonie il eſt tué par ſes propres ſoldats, à la ſixiéme année de ſon regne.

M Si Probus s'en tenoit à ſon premier point de vûe, ſes troupes reſpecteroient la vie d'un Prince qui fait la gloire de l'Empire Romain : mais comme elles s'apperçoivent qu'enflé & enorgueilli de ſes conquêtes, il ſacrifie leur répos à la paſſion de conquérir, elles immolent ſa vie à leur tranquillité : tel eſt l'aveu-

glement des Conquérans, qu'ils
ne voyent point qu'en épuisant
les forces de leurs soldats ils
épuisent leur fidélité, & qu'à
force de vouloir conquérir, ils
usent l'instrument de leurs victoires. Ainsi Narsés en achetant
de Probus la paix à un haut prix,
n'a fait que différer la guerre ;
Probus ébloui des richesses que
la Perse renferme dans son sein,
conçoit de grandes espérances
d'un pays qui produit plus de
trésors que d'hommes, & où
l'on trouve plus d'or que de fer :
on peut donc dire que Probus
par cette paix simulée n'a point
quitté la Perse pour retourner à
Rome, mais qu'il est allé à Ro-

me pour retourner en Perſe ;
principe directement oppoſé à la
bonne politique, qui enſeigne aux
Princes à regarder les hommes
& non pas l'or comme les prin-
cipales richeſſes d'un Etat.

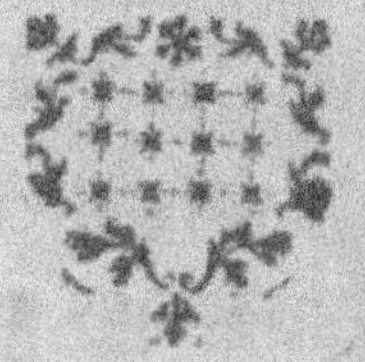

CHAPITRE XVIII.

CARUS.

Carus né à Rome & fils d'un Esclavon, est élû Empereur ; il s'associe Numerien & Carin ses fils, & punit ensuite à la rigueur les meurtriers de Probus.

Un Prince qui punit les meurtriers de son prédécesseur, trouve dans cet acte un double avantage : le premier est d'exercer la justice : le second est d'intimider par la punition ceux qui pourroient être assez téméraires pour attenter à sa personne : en exerçant donc cette vengeance, Carus exerce la justice, & pourvoit à sa propre sûreté.

Il n'y a point à craindre que le Prince oublie la justice lorsqu'elle lui est avantageuse, parce qu'alors le Juge en lui faisant du bien le flatte : lorsqu'au contraire un acte de justice porte plus sur l'adulation que sur la justice même, elle est odieuse au Prince & le Prince l'oublie, parce qu'il voit alors dans le Juge un flatteur & non pas un Juge.

H   Carus apprend que les Sarmates sont entrés dans la Pannonie ; il marche contr'eux, en tue six mille, en fait vingt mille esclaves , le reste prend la suite.

Les Romains ont beau vain- *M* cre les Sarmates : ceux-ci reviennent de tems en tems saccager les terres de l'Empire , parce que leur pays est stérile : si les Sarmates avoient pour leur nécessaire le superflu des Romains ; contens d'une honnête médiocreté , ils se borneroient à en jouir tranquillement dans leur pays , & ne penseroient pas si souvent à faire des irruptions chez les Romains. La vraie politique d'un Etat consiste donc à exporter son superflu chez la Nation qui n'a point le nécessaire , & par un trafic avanta-

geux à lui vendre ce que la nécessité l'oblige de voler.

H   Carus confie le Gouvernement de l'Occident à son fils
Carin, & marche en personne
contre les Perses ; il leur prend
d'assaut Seleucie & Tesifonte : encouragé par un début si heureux ,
il veut étendre ses conquêtes ;
mais il est écrasé d'un coup
de foudre avec plusieurs autres
dans sa tente , à la deuxiéme
année de son regne.

M   Carus desire faire des conquêtes , mais il ne veut en faire que
sur la Perse ; il se donneroit bien
de garde d'en faire sur les Sarmates. Ils n'ont rien à perdre ;
la Sarmatie est misérable ; que

gagneroit Probus en la foumettant ? D'ailleurs la Pannonie eft
un pays riche & fertile & fujet
par fon voifinage aux fréquen-
tes incurfions de Sarmates : Probus veut donc lui faire fentir
combien elle a befoin des armées
Romaines pour fe mettre à couvert de fes voifins : l'Empereur
aime la gloire mais une gloire
utile : il voit qu'en faifant des conquêtes dans la Perfe il remplit
deux objets importans, le glorieux
& l'utile : le glorieux , parce
qu'en foumettant les Perfes il
triomphe d'une Nation, feule digne d'être rivale de la Nation
Romaine ; l'utile parce qu'une
longue paix jointe à la fertilité

naturelle du pays y fait tout abon-
der : Probus sent la nécessité qu'il
y a de conquérir plusieurs places
sur les Perses, pour les occuper
en cas de guerre à regagner ce
qu'ils auront perdu, avant qu'ils
ne puissent entrer dans l'Empire.

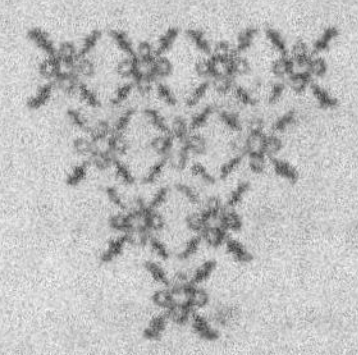

CHAPITRE XIX.

NUMERIEN et CARIN.

NOus renfermons ces deux Empereurs dans le même Chapitre, parce que leur regne commence & finit en même tems : Numerien que Carus avoit fait Gouverneur de l'Orient avec le titre de Collégue, se distingue par une grande connoissance des Lettres & des Arts, plus encore par une extrême douceur & par une affabilité attrayante : mais il ne suffit pas à un Prince d'être bon pour regner en sûreté : la bonté eſt une vertu qui ne touche point un cœur ambitieux; il faut donc que le Prince ajoûte la grandeur à la bonté ; la grandeur imprime le reſpect , & contient la temérité des ſujets ambitieux.

H   Numerien fils auſſi tendre que bon Prince , eſt ſi pénétré de la mort de ſon Pere , que le chagrin prend conſidérablement ſur ſa ſanté & le met à deux doigts du tombeau. Aprus qui croit s'élever par la mort de l'Empereur à la dignité Impériale , témoigne par des tranſports indécens la joie que lui cauſe le danger qui menace la vie du Prince. Mais trompeuſe eſpérance : Numerien

merien revient en santé & Aprus voit tous fe projets s'évanouir : il ne fe déconcerte point ; ambitieux démefuré, il trahit fon Prince & le fait tuer dans fa litiére.

La bonté exceffive, nous l'avons dit, eft pour un Prince la plus fote des vertus. Si Numerien avoit eu autant de politique que de bonté, il ne feroit point la victime de fon caractere & de l'impunité d'Aprus : la joie de celui-ci avoit été exceffive & avoit eu des témoins ; comment donc Numerien ne s'en eft-il pas defié : une trop grande confiance eft un aveuglement dont les Princes reffentent les funef-

tes effets plutôt que les particuliers ; la joie d'Aprus étoit une
infidélité commencée ; un crime seulement projetté contre le
Prince , mérite d'être puni comme s'il étoit consommé : la politique des Rois expérimentés est
de punir même les volontés qui
attaquent leur personne : si Numerien avoit été imbû de ce
principe , il vivroit & Aprus seroit puni : la défiance continuel-
le (je le sçais,) est une servitude pour le Prince ; mais aussi
la confiance aveugle , n'est elle
pas une foiblesse ?

H   Diocletien , un des Généraux de Numerien , pénétré de
son sort déplorable , tue sur le

champ le meurtrier à la vûe de tous les conjurés : il eſt proclamé Empereur.

Diocletien ne pouvant point  empêcher la mort de Numerien, veut du moins la vanger ſans ſe mettre en peine des riſques qu'il courre pour ſa vie : ſi une ſi belle action lui vaut l'Empire : je n'en ſuis pas ſurpris. Un homme qui expoſe ſa vie pour ſe montrer fidéle à ſon maître , poſſede la principale vertu du Prince : & cette vertu conſiſte à préférer ſon devoir à toute autre conſi-dération.

CHAPITRE XX.

DIOCLETIEN.

H CARIN apprenant la mort de son Pere, ensuite celle de son frere, se fait proclamer Empereur dans les Gaules : il marche vers l'Orient à la tête d'une puissante armée contre Diocletien : on livre la bataille : Carin est tué ; Diocletien reste seul maître de l'Empire

M Si Carin ne marchoit pas vers l'Orient , Diocletien qui veut poursuivre la guerre contre les Perses, enverroit contre lui quelqu'un de ses Généraux, & Carin vainqueur ne se trouveroit malgré sa victoire qu'au commencement de la guerre, parce que Diocletien regneroit malgré la défaite de son Général : Diocletien ne risqueroit donc qu'une armée, tandis que Carin risqueroit l'Empire : celui-ci se conduit donc en Prince éclairé en cherchant à combattre Diocletien, puisqu'il porte toute la guerre dans sa seule personne.

Les Paysans des Gaules se rassemblent sous deux Commandans, dont l'un s'appelle Amand, & l'autre Elien : cette nouvelle armée ne veut point reconnoître le nouvel Empereur : Maximien, que Diocletien a tout récemment nommé Cesar, est envoyé, pour la mettre à la raison : après plusieurs combats tout est réduit à l'obéissance.

M Diocletien nomme Maximien Cesar, avant que de l'envoyer contre les rébelles, afin que le grand éloignement de son Maître ne lui inspire point l'idée de se faire proclamer : c'est prudence : l'Empereur aime mieux lui laisser tout l'Empire après sa mort, que lui en laisser une partie pendant sa vie : il s'attache donc à le déclarer Prince, afin qu'il continue d'être sujet.

H L'Angleterre & l'Afrique se révoltent en même tems : Nar-

ſès pénétre dans la Meſopotamie : Diocletien accablé d'une
foule d'ennemis, nomme Maximien ſon Collégue, & veut que
chacun ſe nomme un Ceſar,
afin de pourvoir à tout & par-
tout.

Politique excellente : plus les
ennemis d'un Etat ſe multiplient,
plus le Prince doit diviſer ſa puiſſance : ceux qui en profitent, ſont
autant d'intéreſſés par l'intérêt
perſonnel à l'intérêt commun :
Diocletien, en ſuivant ce principe, force à lui être fidéle : par-
ticiper à l'autorité du Prince,
& ſe révolter contre lui, ne ſe-
roit-ce pas ſe révolter contre ſoi-
même ? L'attention du Prince

doit donc être de perſuader à ſes
Miniſtres qu'ils ne ſçauroient retirer de leur infidélité autant d'a-
vantages que ſa bienveillance
peut leur en accorder.

H   Diocletien nomme Ceſar Ga-
lerius - Maximinus , ſurnommé
Armentarius , qui eſt fils d'un
Vacher , & Maximien nomme
Conſtancius - Chlorus , neveu de
l'Empereur Claude I I.

M   J'admire ici le concert qui regne entre l'Empereur & ſon Collégue : la politique de l'un & de
l'autre eſt également louable :
deux raiſons déterminent Diocletien à nommer Ceſar un homme
de baſſe naiſſance ; l'une particu-
liere , l'autre politique : la premiere

'miere eft que Diocletien devant
lui - même le jour à des parens
obfcurs, il ne veut point placer
fur le Trône une perfonne qui
lui feroit fupérieure, & qui en-
hardie par l'autorité, feroit peut-
être valoir la fupériorité de la
naiffance ; la feconde eft que Galerius eft un homme, qui par des
qualités diftinguées & par un mérite peu commun, eft parvenu au
commandement général de l'armée Romaine : par ce choix Diocletien fe concilie l'attachement
de l'armée, & l'affection de tout
le monde ; il fait voir que la plus
obfcure naiffance n'exclut perfonne du Trône ; Maximien au
contraire nomme de fon côté un

IV. Partie.   T

Prince, afin que la Nobleſſe ne ſe révolte pas à la vûe d'un gouvernement, qui ſemble ne tendre qu'à l'opprimer.

'H   Dès que cet arrangement eſt fini, Diocletien marche contre Achileus, Chef des révoltés d'Egypte : Galerius fait la guerre à Narſès, Roi de Perſe : Conſtantius marche contre Cerauſius, qui s'eſt fait proclamer en Angleterre : Maximien fond ſur les rebelles d'Afrique , qui ſont ces Vétérans, à qui Probus avoit diſtribué des terres, pour les récompenſer de leurs ſervices.

M   Les deux Ceſars ſont chargés des guerres les plus éloignées de Rome, & les deux Empereurs de celles qui voisinent le plus la Capitale : le Prince doit s'éloigner le moins qu'il peut du lieu de sa résidence, où sont les Tribunaux, ou pour mieux dire, où est toujours l'ame de l'Etat ; & une fâcheuse expérience nous apprend que cette ame est déplacée partout où elle se trouve séparée par la distance des lieux, de la Personne du Prince.

Diocletien & Maximien viennent heureusement à bout de leurs entreprises : mais les deux Cesars ne sont pas si heureux : Galerius est battu par les Perses, & Constantius est forcé à faire la paix avec Cerausius, qui demeure maître de l'Angleterre.

M   A la Cour le malheur des Généraux fait quelquefois la félicité
des Princes : il semble que les
derniers ne puissent être heureux
que par la comparaison : Diocletien & Maximien apprennent
avec une certaine satisfaction la
catastrophe des deux Cesars : cette disgrace les humilie , & les
rend plus dépendans : la multitude voit dans les deux Empereurs deux personnes également
utiles à l'Empire , & aux deux
jeunes Cesars ; à l'Empire , par
les avantages que leurs victoires
lui procurent ; aux deux Cesars ,
par les bonnes leçons , qu'ils peuvent leur donner : si au contraire
les deux Cesars étoient vain-

queurs, cette même multitude,
accoutumée à courir après la
nouveauté, comme la source
d'espérances nouvelles, néglige-
roit les deux Empereurs, pour
flater les deux Cesars, qu'elle ju-
geroit capables de supporter le
fardeau du gouvernement.

Diocletien fait prisonnier Achileus dans Alexandrie : en punition de sa révolte, il le fait jet-
ter aux Lions, qui le déchirent :
Maximien de son côté, après
avoir battu en plusieurs rencon-
tres les rébelles d'Afrique, les
force à demander la paix, & à
se soumettre.

Achileus est un homme valeureux, qui s'est acquis une grande

réputation par la belle défenfe qu'il a faite pendant huit mois dans la Ville d'Alexandrie contre la puiffance Romaine : Diocletien conçoit l'importance d'un perfonnage, tel qu'Achileus : s'il laiffe un tel rébelle impuni, il s'expofe au reffentiment, que la confufion d'être vaincu, lui infpirera : il le condamne donc à une mort cruelle, afin que le bruit de fa difgrace étouffe celui de fes exploits : Prince habile, il veut enfevelir dans la mémoire affreufe de fa punition le fouvenir de fa valeur : grandes punitions aux coupables de grand nom : premier Article du Code de la Royauté.

Galerius va rendre ses respects *H* à l'Empereur, & lui faire ses excuses du malheur qu'il a eu d'être vaincu par les Perses. L'Empereur en litiere, le laisse marcher long-tems à côté de la portiere, sans lui faire aucune réponse ; il lui dit ensuite d'un air sérieux : Allez, rassemblez une autre armée, & réparez votre honneur : Galerius obéit, se met à la tête de ses troupes, & fond avec tant d'impétuosité sur l'armée ennemie, qu'il la taille en pieces, la met en fuite, emmene Narsès prisonnier avec toute sa famille, & fait un butin considérable. Diocletien apprend cet heureux succès, vole au-devant de lui, & lui témoigne par les empreſſemens les plus diſtingués combien il eſt ſatisfait de ſa conduite.

M   Rien de plus louable que la ſévérité du Prince, lorſqu'elle eſt ménagée avec prudence : Diocletien en reprochant à Galerius ſa défaite, employe des termes, qui font ſentir à celui-ci la bonne opinion que ſon Maître a de lui ; s'il ne le croyoit pas capable de prendre ſa revanche ſur les Perſes, il ne lui diroit point de raſſembler une armée nouvelle, pour rétablir ſon honneur : en lui parlant ainſi, l'Empereur lui dit, que n'étant point fait pour être vaincu, il doit retourner au combat pour vaincre. Des leçons ſi adroites piquent l'émulation de celui qui les reçoit : Galerius en effet plus glorieux de la bonne opinion que Diocletien a de lui, qu'humilié de sa contenance, sent son courage renaître, & la honte d'avoir été battu, lui inspire la noble ardeur de vaincre : Princes, que Diocletien vous apprenne à vous faire aimer, même dans votre rigueur ; si vos leçons ne sont point méprisantes, elles ne seront point méprisées ; & elles seront utiles à ceux qui les reçoivent, & glorieuses pour ceux qui les donnent.

Constantius Chlorus ayant été *H* attaqué par les Allemands dans sa retraite d'Angleterre, surprend le Camp ennemi à minuit, & taille en pieces soixante mille

hommes près de la Ville de Ci-
gognes en Flandre : il répare par
cette victoire la disgrace qu'il
a essuyée.

'M   Quoique Constantius eut combattu avec valeur contre Cerausius, & qu'il eut rempli tous les
devoirs d'un bon Général, il re-
tournoit cependant à Rome avec
la consternation d'un Officier,
qui a été battu, sans l'avoir mé-
rité : la fin, que le Militaire se
propose, n'est pas seulement de
combattre avec courage ; la victoire est son principal objet. Pour
acquérir de la gloire, il ne suffit
pas d'avoir rempli son devoir,
il faut quelque chose de plus :
il faut réussir. Les hommes ne
jugent des entreprises que par l'é-

venement : l'indulgence eſt tout
ce qu'ils daignent accorder à un
Général malheureux : mais Conſtantius étoit plus affligé d'avoir
beſoin de l'indulgence des Romains , que d'avoir perdu la bataille contre les Anglois ; parce
que ſa valeur le garantiſſoit du
blâme , & que ſon malheur lui
enlevoit l'Empire.

Diocletien ſe fait appeller Ju- *H*
piter , & Maximien prend le ſur-
nom d'Herculéen : les deux Empereurs accompagnés des deux
Ceſars , marchent vers Rome
pour triompher ; c'eſt le triomphe le plus ſuperbe qu'on ait vu :
les femmes & les fils du Roi de
Perſe en font le plus bel orne-
ment. On y compte pluſieurs

Chariots chargés de dépouilles rares & précieuses.

'M Le triomphe de ces quatre Héros est d'avoir vaincu des rebelles & des Barbares; mais la gloire qu'a Diocletien dans ce triomphe, consiste à conduire trois Princes victorieux, qui sont sous ses ordres. Les armées se retirent chargées des dépouilles des peuples des trois parties du monde : elles ont remporté des victoires : mais avoir triomphé de l'ambition de trois Princes, les avoir contenus dans l'obéissance, & unis pour agir de concert, c'est un bonheur, qui n'est dû qu'à la force du génie de Diocletien, qui, par le secours de trois titres pompeux, a sçû les retenir dans

la soumiſſion néceſſaire à l'Empereur & à l'Empire : dans ce
triomphe la populace loue la
force des membres , mais les
bons politiques louent la ſageſſe
du Chef.

Diocletien aimé & reſpecté *H*
de tout le monde , après avoir
donné la paix à l'Empire , abdi-
que la Couronne ; fatigué d'un
regne de vingt ans , il ſe retire
à Salonique ſa Patrie , pour paſſer en repos le reſte de ſes jours.
Maximien ſe rendant à ſes inſtan-
ces , ſe retire à ſon exemple à
Milan , ils laiſſent l'Empire à
Conſtantius & à Galerius.

Telle eſt la petiteſſe des *M*
grands Royaumes , qu'il ne reſte à celui qui s'en eſt rendu maî-

tre, s'il veut faire quelque cho-
fe de plus, qu'à les méprifer :
la terre entiere n'eft pas affez
vafte pour occuper l'efprit &
pour remplir le cœur de Diocletien pendant un regne de vingt
ans, agité de troubles & déchi-
ré par des révoltes : en acqué-
rant l'Empire il montroit que
d'autres en avoient des parties
puifqu'il faifoit tous les jours des
conquêtes ; mais en le donnant
il fait voir que tout eft à lui.

H   Mais cet abandon eft-il glorieux ? Les Hiftoriens qui le célé-
brent comme un défintéreffe-
ment noble, peuvent-ils bien
répondre que ce n'eft point une
laffitude ? Se laffer de regner
quand on regne bien, c'eft fe laf-

ser de bien faire ; loin donc d'ê-
tre une vertu , c'est une noncha-
lance d'autant plus criminelle ,
qu'en s'y abandonnant Diocletien sacrifie à sa tranquillité le
bonheur de ses sujets : le Prince ,
nous l'avons déja dit , ne s'appartient plus : sa condition en le
rendant maître de ses sujets , le
fait dépendre d'eux : Monarques , qui vous croyez dans l'indépendance , apprenez que vous
n'êtes que des esclaves couron-
nés.

Diocletien resiste aux instances
qu'on lui fait souvent , de reprendre les rênes de l'Empire : on
ne peut point l'arracher à la tranquillité de sa solitude : cette
constance étonne tout le mon-

de ; les Chrétiens qu'il a persé-
cutés s'en réjouissent.

'M   Un Pere qui abandonne ses
enfans après se les être attachés
par tous les soins les plus ten-
dres, n'est-il pas un Pere d'autant
plus cruel qu'il semble nel eur
avoir fait sentir le prix de la ten-
dresse paternelle, que pour leur
en rendre la privation plus dou-
loureuse? Ou les instances que
les Romains font à Diocletien
sont sinceres, ou elles ne sont
que l'effet de la flatterie : dans le
premier cas, il y auroit plus de
grandeur d'ame dans Diocletien
de s'y rendre que d'y résister :
dans le second, la résistance est
imprudente ; parce qu'il n'est
pas

pas bien facile de diſtinguer en pareille occaſion le langage de la flatterie d'avec celui de la ſincerité : Diocletien ne riſqueroit point ſa gloire en acceptant : il devroit donc reprendre le Gouvernement. Mais le refuſet-il ? Je ſuis en droit de le comparer aux Suicides, qui ne ſe donnent la mort que parce qu'ils ſont las de bien vivre.

Les Romains recherchent Diocletien, parce qu'ils ont perdu un Empereur : Diocletien refuſe ; mais il n'a rien perdu, puiſqu'il a tout quitté : conſéquemment, intérêt de part & d'autre ; & je demande au Lecteur quel de ces deux intérêts eſt le plus noble. *IV. Partie.* **V**

CHAPITRE XXI.

CONSTANTIUS-CHLORUS.

H CONSTANTIUS - Chlorus devenu Empereur, affigne à Galerius fon Collégue, le Gouvernement de l'Efclavonie, de la Macédoine, de la Thrace, de la Grece, de l'Afie, de l'Egypte, de la Syrie & de tout l'Orient; peu de tems après il joint à une domination fi étendue l'Afrique & l'Italie, & ne fe referve que les Gaules, l'Efpagne, la Germanie & l'Angleterre.

M En confidérant l'Hiftoire Romaine, on ne peut s'empêcher d'être furpris que la Ville de

Rome ait aſſujetti plus de Royaumes qu'aucune autre Nation : l'Italie n'étoit point aſſûrément ni ſi peuplée ni ſi fertile que bien des pays d'où elle tiroit ſes bleds. Les Romains n'ont jamais eu des armées ſi nombreuſes que les Barbares , qui alloient ſe faire tailler en pieces ſur les terres de l'Empire : ce n'eſt pas par le nombre des hommes qui compoſent une Nation , mais par le génie qui l'anime, qu'elle ſe rend ſupérieure aux autres : quoique tous les Empereurs ne fuſſent pas Romains de naiſſance , ils l'étoient par l'éducation : les hommes engendrent les hommes ; mais la gloire de produire des Princes appartient à la seule éducation:pourquoi un berger gouverne-t-il son troupeau, le mene-t-il paître, le fait-il tondre & l'envoye-t-il à sa volonté à la boucherie ? Parce que toutes les têtes du troupeau ne valent pas la tête du berger.

H Constantius-Chlorus après avoir mis ordre à l'administration de la justice & à la traquillité de l'Etat, se porte en Angleterre assujettie de nouveau aux Romains, pour donner à cette Province une nouvelle forme de gouvernement qui la mette à couvert des troubles qui s'y élevent fréquemment : mais il est attaqué à Yorck, d'une fievre maligne, dont il meurt en peu de jours à

la deuxiéme année de son regne,
& laisse pour successeur Constantin, que l'Eglise appelle le
Grand, mais qui ne le paroît
pas tant aux yeux de la bonne
politique.

Le premier usage que Cons- *M.*
tantius fait de l'autorité à son
avénement à l'Empire, devroit
être le premier soin des Princes :
c'est de visiter leurs Etats, & d'y
établir des bonnes Loix : par les
armes on prend possession du terrein ; mais ce n'est que par les
Loix qu'on prend possession des
hommes : & ce sont les hommes
& non le terrein, qui font les
Rois : l'administration de la justice contient les violences particulieres : par-tout où le particu-

lier est contenu dans son devoir, le Public jouit tranquillement : & n'est-ce pas cette tranquillité publique qui fait la félicité du Prince ?

Fin de la IV. Partie.

L'Auteur est Italien. On ne doit point être surpris de le voir s'arrêter à Constantin : amateur de la vérité, il n'auroit pu s'empêcher de la dire. Mais celle-ci est du nombre de celles que l'on doit taire si l'on veut être en sûreté : il a mieux aimé garder le silence, que faire violence par une basse flatterie à sa passion dominante.

TABLE
DES CHAPITRES
De la quatriéme Partie.

TABLE.

Fin de la Table.

Fautes à corriger.

Page 13. ligne 1, le *liſez* ce. p. 32 lig. 12, mortifiante, *liſ.* mortifiante. p. 34, lig. 10, de, *liſ.* du. p. 37, lig. 5, d'hériter, *liſ.* hériter. p. 62, lig. 16, qu'importe, *liſ.* que lui importe. p. 71, lig. 3, Capellanius *liſ.* Capellianus. p. 111. lig. 1, d'un *liſ.* du p. 122, lig. 6, en un ſupprimé. en. p. 129, lig. 15, Igenu s, *liſ.* Ingenuus. p. 132, lig. 5, Prince. l. Princes, même p. l. 7, alimens, *liſ.* aliment. p. 134, lig. 1, mettez *H* à la marge p. 168, lig. 8, vent *liſ.* veut p. 188, lig. 8, paſſa, *liſ.* paſſe. p. 192 lig. 1, on *liſ.* un.